www.ingramcontent.com/pod-product-compliance
Lightning Source LLC
LaVergne TN
LVHW010051061026
849532LV00004BC/1210
* 9 7 8 9 3 5 8 7 2 5 4 6 9 *

شبنم اور انگارے

(افسانے)

مصنفہ:

نجمہ نکہت

Shabnam aur Angaarey (Short Stories)
by: Najma Nikhat
Edition: December '2023
Publisher :
Taemeer Publications LLC (Michigan, USA / Hyderabad, India)

ISBN 978-93-5872-546-9

کتاب	:	**شبنم اور انگارے** (افسانے)
مصنفہ	:	**نجمہ نکہت**
پروف ریڈنگ / تدوین	:	اعجاز عبید
صنف	:	فکشن
ناشر	:	تعمیر پبلی کیشنز (حیدرآباد، انڈیا)
سالِ اشاعت	:	۲۰۲۳ء
صفحات	:	۱۵۶
سرورق ڈیزائن	:	تعمیر ویب ڈیزائن

فہرست

پیش لفظ

یہ میرے منتخب افسانوں کا مجموعہ ہے جو میں نے پورے خلوص و ایمانداری کے ساتھ آپ کے سامنے پیش کر دیا ہے۔ میں کسی بھی نقاد دانشور سے پیش لفظ لکھوا سکتی تھی مگر میں چاہتی ہوں کوئی آپ سے یہ نہ بتائے کہ میرے افسانے کیسے ہیں۔ ان کو پڑھنے، سمجھنے اور پرکھنے کی صلاحیت آپ میں موجود ہے۔ عوام بہترین نقاد بھی ہوتے ہیں۔ ان کی تنقید و تبصرے زیادہ جاندار و ایماندارانہ ہوتے ہیں اور ان پر مجھے پورا بھروسہ ہے۔

یوں بھی میں ۱۹۴۸ء سے افسانے لکھ رہی ہوں جن میں سے بیشتر دوسری زبانوں جیسے ہندی، کنڑی، ملیالم وغیرہ میں منتقل کئے جاچکے ہیں۔

زندگی سے انتہائی پیار کرنے کا ثبوت یہ ہے کہ میں نے اس کو بہتر و خوبصورت بنانے کی ہمیشہ کوشش کی مگر اس کوشش کے باوجود خون دل آنسو بن کر اس وقت ٹپک پڑا جب یہ پتہ چلا کہ کشتی کو بھنور سے نکال کے ساحل تک لانے کی کوشش میں۔۔۔ صرف پتوار ہی ہاتھوں میں رہ گئے ہیں۔ کشتی جانے کب ڈوب گئی!

مگر اس احساس محرومی نے مجھے پست ہمت کرنے کی بجائے ولولہ و عزم بخشا ہے۔

اپنی دونوں یتیم لڑکیوں کا ہاتھ پکڑ کے میں زیادہ تیز گام و طاقتور ہو گئی ہوں۔۔۔

۱۹۵۴ء میں جب میں بمبئی گئی تھی اور وہاں کی ادبی محفلوں میں کرشن چندر نے میرے افسانے سنے تو وہ اُٹھ کے میرے قریب آئے۔ میرے سر پر ہاتھ رکھ کے میرے افسانوں کے بارے میں اپنی اچھی رائے دی اور مجھ سے مجموعہ یہ کہہ کر لے لیا کہ میں اس پر پیش لفظ لکھوں گا۔

میری دیرینہ آرزو تھی کہ وہ میرے مجموعہ پر پیش لفظ لکھیں مگر مکان کی منتقلی و سامان کی اٹھا دھری میں میرا مجموعہ گم ہو گیا۔ پھر اُن کے کئی خطوط آئے کہ تم مجموعے کی نقل بھیجو تاکہ میں پیش لفظ لکھ سکوں مگر بات ٹلتی رہی۔

یہ اچھا ہی ہوا کہ اب میں زیادہ بہتر انتخاب پیش کر رہی ہوں۔ عمر کے ساتھ ساتھ تجربات، مشاہدات و نقطۂ نظر میں گہرائی آ ہی جاتی ہے۔

میں نے جو کچھ بھی لکھا یہ محض تخیل کی پیداوار نہیں ہے۔ یہ سارے افسانے تھوڑے سے افسانوں مبالغہ کے ساتھ حقیقتیں ہیں۔۔۔ میں نے کبھی فرمائش پر کسی کے اصرار پر یا صرف تخیل کی بنیاد پر کوئی افسانہ نہیں لکھا۔ جب تک کوئی واقعہ یا کردار مجھے لکھنے کے لئے مجبور نہیں کر دیتا میں اس وقت تک قلم نہیں اُٹھاتی۔

کوئی سماجی ناانصافی، معاشرے کا کوئی زخم، زندگی کی چھوٹی چھوٹی خوشیاں و بڑے گہرے غم، کوئی ناخوشگوار سوچ۔۔۔ بہار کی آمد خزاں کا سوگوار انداز۔۔۔ یہ سب میرے احساسات پر اثر انداز ہوتے ہیں۔

۔۔۔کسی واقعہ کے متعلق مواد میرے ذہن میں اکٹھا ہونے لگتا ہے اور پھر میں ایک عجیب کرب محسوس کرتی ہوں مجھے اس وقت تک چین نہیں آتا جب تک میں لکھ نہیں لیتی۔ اکثر روز مرہ کے واقعات مجھ میں لکھنے کی تحریک پیدا کرتے ہیں۔ میں نے

"نظام" کا جگمگاتا دور بھی دیکھا ہے اور اس دور کا عکس بھی آپ کو میرے افسانوں میں ملے گا۔ بادشاہت، جاگیرداری اور رئیسانہ ٹھاٹ باٹ اور اس زرین دور کی لعنتوں کا شکار ہونے والے کردار بھی آپ کو ان افسانوں میں ملیں گے۔۔۔ بادشاہت کے ختم ہوتے ہوئے دور کا نزاعی کرب بھی ملے گا۔

جاگیردار نظام کے خاتمے کے بعد کے دور میں نئی نسل کی جدوجہد، طوفان سے اُبھرنے کی کیفیت اور رئیسوں کی پرانی ذہنیت کے خطرناک پہلو، نیک واچھے مقاصد کے پیچھے کام کرنے والی جاگیردارانہ پالیسی کو میں نے بغیر جھجکے پیش کیا ہے۔

میں نے اپنے ہر افسانے پر محنت کی ہے۔ یہ سب واقعات جن سے میں واقف ہوں۔ یہ سارے کردار جو میرے جانے پہچانے ہیں۔۔۔ جن پر میں نے کئی کئی رات غور کیا ہے۔ دنوں، مہینوں اور کبھی کبھی برسوں کسی افسانے پر محنت کی ہے۔

یہ ضروری نہیں ہے کہ ہر تحریر خود تجربہ کر کے لکھی جائے اور نہ میں نے ہمیشہ ایسا کیا۔ میرا یہ مقصد بھی نہیں ہے کہ میں تحقیقی مقالے کی طرح افسانے لکھوں۔

یہ ضرور چاہتی ہوں کہ میں افسانہ پڑھوں اور آپ مجھے اس کا کمزور پہلو بتائیں تو پورے بھروسے اور ذمہ داری سے جواب دے سکوں۔

میں آپ کو ایک بڑے اور قد اور ادیب کی مثال دیتی ہوں کہ کرشن چندر نے ناول "جب کھیت جاگے" تلنگانہ تحریک سے متاثر ہو کر لکھی مگر انھوں نے تلنگانہ میں روئی کے کھیت اگا دیئے۔ معلومات کی اک ذراسی کمی نے ناول کے مجموعی تاثر پر خراب اثر ڈالا ہے۔ ایک بات میں اور کہنا چاہتی ہوں وہ یہ ہے کہ میں ایک ایماندار ادیب کو یا تخلیق کار کو اپنے زمانے کا مورخ مانتی ہوں اور نئی نسل کی ذہنی تربیت کا ذمہ دار بھی۔ میں سمجھتی ہوں کہ ادیب صرف فوٹو گرافر نہیں ہوتا کہ جو دیکھے وہ پیش کر دے بلکہ اس کے اپنے

احساسات، جذبات اور نظریات بھی اس خاکہ میں رنگ بھرتے ہیں اور ادیب کی پوری شخصیت و ذہنیت اس کی تحریر میں جھلکتی ہے۔

اپنی تہذیب کلچر، روایات، ماحول صحیح عکاسی کے ساتھ ساتھ زندگی کے متعلق ایک واضح اور صحت مند نقطہ نظر کی بھی ضرورت ہے اور تحریر میں اس کا شعوری یا غیر شعوری اظہار بھی لازمی ہے۔

نجمہ نکہت

حسینی علم روڈ، حیدرآباد۔

۲۸/اگست ۱۹۷۸ء

(۱) کھنڈر

اللہ جانے آپ نے وہ ڈیوڑھی دیکھی بھی ہے یا نہیں جہاں سے چوڑیوں والوں کی چھکا چھک روشنی پھینکتی ہوئی دوکانوں کا سلسلہ شروع ہوتا ہے۔ وہیں راستے سے ذرا ہٹ کر صداقت نواز جنگ کی سفید دیواروں اور منقش ستونوں سے گھری ہوئی عظیم الشان ڈیوڑھی، لاتعداد، دروازوں اور کھڑکیوں کے ساتھ کھڑی ہے۔ داخل ہونے کے لئے اتنی بڑی کمان ہے کہ ہاتھی بھی آسانی سے گذر جائے۔ آگے صحن ہے اور صحن کے بیچوں بیچ بیضوی وضع کا بڑا سا حوض ہے جس میں کبھی سچ مچ فوارے چھوٹتے تھے اور سبز بھیگی دوب پر شام تک پانی کے بے شمار قطرے سچے موتیوں کی طرح پڑے چمکا کرتے مگر اب تو حوض خالی پڑا ہے۔ پانی کی سطح کی جگہ بھوری کائی سوکھی مٹی کی طرح جم گئی ہے۔ اب یہ سوکھا حوض لے پالک لڑکوں اور باندیوں کی لاتعداد اولاد کے لئے اسٹیڈیم کا کام دیتا ہے۔ گھنی سرسبز لان کی بجائے صرف ریت رہ گئی ہے۔ یہاں کام پر لگے رہنے والے مالی دمالین اب نظر نہیں آتیں۔

کمسن لڑکوں میں بیہودہ ہنسی مذاق، دھول دھپا اور گالی گلوج کا سلسلہ قائم رہتا ہے۔

اندر کے بڑے ہال میں جہاں تختوں پر کارچوبی مسندیں لگائی جاتی تھیں اور زرین پھولوں والے دیوان رکھے رہتے تھے، اب وہاں میلی دریاں بچھی رہتی ہیں۔ قیمتی، بھاری پردوں کی جگہ پرانی جارجٹ کی پھولدار ساڑیاں پھڑ پھڑایا کرتی ہیں۔ چھتوں سے لٹکے کانچ کے بلوریں جھاڑ و رنگین کنول جہاں اجالے بکھرتے تھے وہاں اب میلے کچیلے بجلی کے

بلب، ہلکی دم توڑتی ہوئی روشنی پھیلا کے مطمئن ہیں۔

منقش ستونوں پر جنگلی کبوتروں نے بسیر الینا شروع کر دیا ہے اور جگہ جگہ سا گوانی ناٹوں پر چڑیوں کے گھونسلوں سے گھانس پھوس لٹک رہا ہے۔ کونوں کچروں میں مکڑیوں نے جالے تان لئے ہیں۔

پالش کئے ہوئے شاہ آبادی سیلو کے فرش پر کبوتروں کی بیٹ پڑی ہے اور سڑکوں پر آوارہ پھرنے والے کتوں نے ڈیوڑھی کے باورچی خانے سے راشن حاصل کرنا سیکھ لیا ہے۔ ڈیوڑھی میں ہر طرف مٹکتی پھرنے والی باندیوں کے دل میں ڈیوڑھی کو سجانے سنوارنے، فرش دھونے اور عود عنبر کے دھوئیں سے ہر کمرہ کو معطر رکھنے کا خیال مردہ پڑا ہے۔

اپنے سیاہ گھنی ابروؤں کے اشارے پر ڈیوڑھی کے ذرے ذرے کو چلانے والی حشمت جہاں اب تپ دق میں مبتلا یوں اپنے نواڑی پلنگ پر بے حس و حرکت پڑی ہیں جیسے ان کا جسم زندگی کی ساری حرارت، لمبے چین جذبات و گمبھیر احساسات سے خالی ہو چکا ہو۔ پاندان کے خرچ کے لئے پانچ سو کی رقم لے کے بڑبڑانے والی کا پاندان اب عجیب انداز میں بکھرا پڑا تھا۔ چونے کی کٹوریاں نہ جانے نواب پاشا کے بچوں نے کھیل کھال کے کہاں پھینک دی تھیں۔ چھالیا کے خانوں کے ڈھکن، ادھر ادھر کہیں دالان میں دکھائی دیتے ان کی خوبصورت آنکھوں میں عجیب ساڈر اور وحشت نظر آتی۔ اب تو بال بھی پکنے شروع ہو گئے تھے۔ بڑی بیگم پن کٹی میں زور زور سے پان کوٹتیں تو وہ دھیرے سے کراہتیں۔

"اماں حضنت۔ یوں پان نہ کوٹیئے، میرے دل پر ہتھوڑے لگتے ہیں اللہ قسم۔ اب آپ لوگوں کو ہمارے دکھ درد کا احساس نہیں رہ گیا ہے۔ ہائے! اللہ! سانس جیسے سینے سے

نکلی بھاگی چلی جاتی ہے"۔

جھریاں پڑے ہوئے سخت ہاتھ رک جاتے۔ تیوری چڑھ جاتی۔

"بوڑھا ذہن ہے، کوئی بات یاد نہیں رہتی، تم اٹھتے بیٹھتے طعنے دیتی ہو تمہارے گھر پڑی ہوں، جو کہو کم ہے۔ لاکھوں روپے تمہارے پیچھے برباد کئے آج اپنی جان کے لئے رکھے ہوتے تو یہ سب کاہے کو سننا پڑتا۔ سچ ہے۔ بڑھاپے میں بیٹی کے گھر کا کھانا حرام کھانے کے برابر ہے"۔

"اماں حضت" حشمت جہاں زور سے چیختیں۔

"خدا کے لئے۔ رسول پاک کے لئے خاموش رہئے۔ آپ ماں ہیں اور ماں بھی کون جو اپنے وقت کی ملکہ تھیں۔ آپ نے کیا تو اپنی اولاد کے لئے کیا۔ کیا ہر روز کے احسان گنوا کر مجھے قبر میں اتاریں گی؟"

بڑی بیگم پان منہ میں رکھ کے حشمت جہاں کو قہر آلود نظروں سے گھورنے لگتیں۔ آپ کے لئے کس چیز کی کمی ہے جو میری جان کھائے جاتی ہیں۔ میں بیمار ہوں، مجبور ہوں، آپ کو مری جان عزیز نہیں بس ہر دم روپیوں کا کلمہ پڑھا کرتی ہیں۔ حشمت جہاں، ماں کو جھنجھلا کے جواب دیتی۔

بڑی بیگم کی پھٹی ہوئی آنکھوں میں پانی تیر جاتا۔

"ہاں۔ ہاں میں لالچی ہوں، ندیدی ہوں تب ہی تمہیں اس قابل بنایا کہ پلنگ پر پڑی پڑی بھی راج کرتی ہو۔ پیدا ہوئیں تو آٹھ انائیں دودھ پلانے پر رکھ چھوڑی تھیں کہ بیٹا کو نظر نہ لگے اور۔۔۔"۔

ان کی بکواس حشمت جہاں کی پیدائش کے بیان سے شروع ہوتی تھی تو گھنٹوں جاری رہتی۔

"خاموش رہئے۔ آپ کی زبان میری رگ رگ قینچی کی طرح کاٹ کر رکھ دے گی۔تب آپ کو سکون ہو گا"۔

ایک دوسرے کو خاموش رکھنے کی کوشش میں دونوں ضرورت سے زیادہ بولتے۔

"دیکھو لوگو! ذرا اس دوزخی کو دیکھو۔ ماں کو بدنام کرتی ہے۔ ماں کی کوکھ میں مٹی ڈالتی ہے۔ اگر یہ معلوم ہوتا۔۔۔ اگر یہ۔۔۔"

بڑی بیگم آس پاس کی مغلانیوں، بواؤں اور باندیوں کو اپنا دکھ بتاتیں جھوٹ موٹ آنکھیں پونچھ کر گھر سے چلے جانے کا اعلان کرتیں تو حشمت جہاں اپنا سینہ پیٹنے لگتیں۔ بال نوچ کے چلاتیں۔ یہ سب وہ چپ چاپ دیکھ کر حیرت زدہ سی پتھر کی مورتی بن جاتی۔

سٹھیا گئی ہیں بے چاری۔۔۔ روز روز بیمار سے لڑنا جھگڑنا ایک دن کہیں بھاری ماتم میں نہ بدل جائے۔۔۔

نواب پاشا اپنے ضدی بچے کو کولھے سے جھٹک کے دوڑتیں۔

بیگم پاشا کا پیر سیڑھیاں اترنے میں پھسل پڑتا اور گھر بھر میں بھونچال آجاتا۔یوں لگتا جیسے چیخوں سے ستون ٹوٹ کر گر پڑیں گے۔ دروازوں اور کھڑکیوں کی کھچیاں ہوا میں تحلیل ہو جائیں گی۔ اور علاء الدین کے محل کی طرح اس ڈیوڑھی کو بھی لڑائیوں کا خوفناک دیو کندھے پر رکھ کر اڑ جائے گا۔ پھر کیا ہو گا؟

اس نے جب صداقت نواز جنگ کے تابعدار عربوں سے اپنے ماں باپ کو پٹتے دیکھا تھا۔ جب ماں باپ سے ایسی طویل داستان سنی تھی جس کا سلسلہ پچھلے ہزاروں صدیوں کے ظلم سے جاملتا تھا، جب انسان نے زمین پر پہلی بار اپنی جنسی بربریت کا مظاہرہ کیا تھا۔ یہ ایک زنجیر تھی جس کی کڑیاں دور تک چلی گئی تھیں۔ ان کڑیوں میں جھول جھول کے اس کو بہت دور جانا پڑا تھا۔

"کہیں کسی تقریب میں دیکھ لیا ہو گا"۔ اس کی ماں آنسو پونچھ کر منمناتی۔

"جو تو نظر میں نہ پڑتی تو ہم پر یہ ظلم کیوں ہوتا؟" اس کا باپ دانت پیستا اور وہ سہمی سہمی سی اپنی سیاہ خوبصورت آنسو بھری آنکھیں دوپٹہ سے ملنے لگتی۔

"مجھے کیا خبر تھی اماں" وہ سسک سسک کر زیر لب بڑبڑاتی۔

روز روز کی پٹائی اور مار کوٹ سے تنگ آ کے اس کے باپ نے اس کا ہاتھ پکڑا کر ڈیوڑھی کا رخ کیا۔ تو جیسے اس نے اپنے سارے حسین خوابوں کو گھر کی بوسیدہ چوکھٹ پہ چھوڑ دیا۔

بچپن کی ضد، الھڑ پن اور بات بات پر پھوٹنے والی ہنسی اس کے پھٹے پرانے کپڑوں کے ساتھ گھر کے بڑے سے لکڑی کے صندوق میں بند ہو گئی۔ ماں کی شفقت اور بات بات پر اس کی طرفداری کرنے کی عادت، اس کی محبت اس کے ذہن میں دھند کی طرح پھیل گئی۔

اس نے جب کانپتے قدموں سے ڈیوڑھی میں قدم رکھا تو پلکیں جھپکا جھپکا کے رنگ برنگے فانوس و کنول دیکھتی رہ گئی۔ ہوا کے جھونکوں میں چھن چھن کے بج اٹھنے والی رنگین کانچ کے ٹکڑوں کی جھالر۔ ہائے بالکل دور کسی جزیرے میں گایا جانے والا رسیلا نغمہ لگی۔ جس میں رچی ہوئی موسیقی آہستہ آہستہ بے ہوش کر دیتی تھی۔ بھاری پردوں کو چھو کر دیکھنے کی خواہش بری طرح ستانے لگی۔ چاندی کے گلدانوں میں سجائی گئی گلاب کی ٹہنیاں برقی پنکھے کی تیز ہوا میں جھوم رہی تھیں اور آتش دان پر رکھا ہوا بدھا کا اسٹیچو اس کو اپنی غم نصیب آنکھوں سے تک رہا تھا۔ بالکل اسی طرح جیسے آخری بار اس کے ابا میاں نے ڈیوڑھی کی بڑی پھاٹک پر اس کو دیکھا تھا مگر ڈیوڑھی کے اندر آ کے اس کو اپنے ہزاروں بار دیکھے ہوئے خوابوں کے خوبصورت جزیرے یاد آ گئے۔

بہت سی سیاہ فام لڑکیاں اپنے سفید چمکیلے دانتوں ار مڑے ہوئے چھلے دار بالوں کے ساتھ اس کو افریقہ کے لوگوں کے بارے میں تیسری چوتھی کلاس کے سبق یاد دلا رہی تھیں۔

تم کون ہو؟ کہاں سے آئی ہو؟ اپنے ملک کی تیز و تند گرم ہواؤں سے گھبرا کے تم کہاں کہاں گھومتی پھرتی ہو؟ غلامی کا طوق گلے میں ڈالے زندگی بھر اپنے وطن میں گائے جانے والے نغموں اور نیم برہنہ جسموں کے ساتھ کھیتوں میں بے باک گھومنے والی کنواریوں کو کب تک یاد کئے جاؤ گی؟ وہ دیر تک ان لڑکیوں کو دلچسپی سے دیکھتی رہی۔

"تم پڑھی لکھی سمجھدار لڑکی ہو۔ اللہ پاک نے یہ ناک نقشہ اپنے ہاتھوں بنایا ہو گا۔ تب ہی بہار میں کھل اٹھنے والے پھولوں کا نکھار ہے۔ کبھی اپنی غربت کا خیال نہ کرنا، نہ کبھی یہ سمجھنا کہ تم یہاں اجنبی ہو، رف کام کاج کرنے آئی ہو، ہاں سرکار کا غصہ بہت برا ہے، وہ غصہ کریں تو ہونٹ سی لینا۔ سمجھیں؟ اب جاؤ، اوپر کوٹھے پر جیبی کمرہ دکھا دے گی۔" بیگم نے اسے سمجھایا اس کی آنکھوں میں آنسو بھر آئے اور لرزتی آنکھوں سے سر پر کھیوے کی ساڑی کا سرخ آنچل ٹھیک کرتے ہوئے اس نے سوچا ہائے یہ کیسی بیوی ہے جو اپنے آوارہ مزاج شوہر کے لئے یوں اپنے ہونٹوں کی مسکراہٹ اور پر خلوص الفاظ کے پھولوں میں سجا کے اس کی من پسند لڑکیاں پیش کرتی ہے اور اس قدر اہتمام سے مارا ہوا تھپڑ شوہر میں بیوی کی اس قربانی کا ذرا سا احساس نہیں جگا پاتا؟

یہ محلوں میں کچلی ہوئی روحیں۔ یہ ہر طرف بکھرے ہوئے عظمتوں کے نشان اور خطابوں کا دور تک پھیلا ہوا سلسلہ۔ یہ رعب داب، یہ چھک چھک کر کے چمکنے والے لباس، سچے موتیوں کے کنٹھے، سونے چاندی کی ریل پیل اور ان سب کے بیچ روشنی بکھیرنے والے دلوں کے داغ۔ بے وطن کنیزوں کے نوحے اور جنسی بربریت کے یہ کھلے

ہوئے مناظر۔ جن سے ڈیوڑھی کا ہر فرد واقف ہے۔ اس نے سوچا۔ گہری سوچ میں ڈوبی ہوئی آنکھیں اپنے آس پاس کی تمام چھوٹی بڑی چیزوں کا مکمل جائزہ لیتی تھیں۔

اس نے بے بسی سے ہاتھ پیروں کو جھٹکا دے کر چونکا دیا۔ جسم کے سارے اعضاء مسلسل خدا کئے جارہے تھے۔ "ہم تمہارے ساتھ نہیں جائیں گے۔ اوں۔ ہوں۔ اوں۔ مگر جب جیبی نے کوٹھے والے سجے سجائے کمرے میں ہلکا سا دھکا دے کر ڈھکیل دیا تو روتے ہوئے اعضاء چلانے لگے مسلسل چوٹ کھا کھا کے زخمی ہونے والا ضمیر مردہ ہوگیا۔

وہ دو بچوں کی ماں بن کر بھی اپنی ممتا دارنے کو ترستی رہی، بچے اس کے ضرور تھے مگر حشمت جہاں نے دو بوند دودھ بھی اس کی چھاتی سے پینے نہ دیا سرکار کے بچے ہیں، اونچے خاندان کی اناؤں کو رکھ کر دودھ پلایا گیا۔ ساری دنیا کو یہی پتہ تھا کہ بچے حشمت جہاں کے ہیں۔

"خبردار حرامزادیو۔ اس بارے میں زبان کھولی تو گولی ماردوں گا"۔

سرکار کئی بار بندوق میں کارتوس بھرتے ہوئے مستقبل کی بشارت دے چکے تھے اور سب اسی واقعہ کی اہمیت سے اچھی طرح واقف تھے انھیں تو یہاں زندگی گذارنی ہے۔ یہاں سے نکل کے کہاں جائیں گی؟ اتنی وسیع دنیا میں ایک تنکا بھی تو ان کی نہ تھا۔ یہاں اس ٹھاٹ باٹ سے رہنے کو تو ملتا ہے۔ ویسے ظلم کہاں نہیں ہے۔ وہ حالات سے ہمیشہ سمجھوتہ کرلیتیں۔ بیچاری بے زبان عورتیں۔ عنایات کے بوجھ تلے دبی ہوئی کمزور ارادوں کے ساتھ بے بس ہو جاتیں اس کی دونوں بچیاں اس کو حشمت جہاں کی طرح پکارتی تھیں اور جب ان کے منہ سے حشمت جہاں کے لئے "اماں جان" نکلتا تو وہ اندھیری راتوں میں مسہری پر تڑپ تڑپ کر کراہتی۔

یہاں تو سب کچھ پرایا ہے۔ سہاگ ، بچے ، گھر بار ، نوکر چاکر۔ سب پرائے ہیں کسی چیز میں کوئی حصہ نہیں۔ کوئی چیز ایسی نہیں جس کو وہ اپنی اور صرف اپنی کہہ سکے۔ بس جب تک زندہ رہو ، کھاؤ ، پیو ، قیمتی لباس پہنو اور اپنے سجے سجائے کمرے میں پڑے پڑے سوچا کرو۔ یہ کیسی زندگی ہے ؟ آخر اس کا مقصد کیا ہے ؟ یہ جاپانی گڑیا کی طرح چابی سے چلنے پھرنے ، ناچنے والی گڑیا کی طرح وہ کب تک زندگی رہے گی ؟ وہ کس کو اپنا کہہ کے دل کو سہارا دے گی ؟

بچیوں کے بڑھنے اور سرو کی طرح جھومتے قدو قامت و خوبصورت پھول جیسے چہروں کو سڈول جس میں تبدیل ہوتے دیر نہ لگی۔ کتنی پیاری بیٹیاں ہیں اس کی۔ وہ نظر بھر کے نہ دیکھتی۔ کہتے ہیں سب سے پہلے ماں کی نظر لگ جاتی ہے۔

لڑیوں کی شادی میں اس نے رات دن ایک کر دیئے۔ اس کے ہاتھ شل ہو گئے ، اسکی آنکھیں دھندلا گئیں۔

داماد گھر آ گئے۔ کوٹھے والے کمرے بیگم پاشا کے حصہ میں آئے اور نیچے نواب بیگم نے اپنا بے حساب سامان رکھوا دیا۔ حشمت جہاں کی خدمت میں روز صبح پردے کے پاس آ کے قدمبوسی عرض کرنے والے دامادوں نے کسی طرح اس کو جھک کے سلام نہ کیا۔

"بوا۔۔۔ ذرا جلدی کھانا بھجوا دو چھوٹے سرکار کا" بیگم پاشا کوٹھے کی کھڑکی سے اس کو مخاطب کرتیں۔

"ابھی بھجواتی ہوں"۔ وہ دل میں ہزاروں گھاؤ لئے دھیمی آواز میں جواب دیتی۔ یہ دنیا ختم کیوں نہیں ہو جاتی۔ اب اور کیا باقی رہ گیا؟ وہ ہزاروں بار اپنے آپ سے پوچھتی۔

نواب پاشا بیگم پاشا کئی بار بچوں کے معاملے میں اس کو ڈانٹ چکی تھیں۔

"ارے ہے بوا۔۔۔ تم تو خدا کی قسم سٹھیا گئی ہو۔ بارہ بج گئے اور اب تک بچے

بھوکے مر رہے ہیں۔

اللہ جانے بوا کی عقل ماری گئی ہے یا ابھی سے سمجھ جواب دے گئی ہے۔

صبح عید ہے اور اب تک بچوں کے کپڑے کشتیوں میں نہیں لگائے گئے۔

توبہ اللہ بوا کا کام ایسا لسر لسر ہوتا ہے کہ افیونیوں کو بھی مات کر دیا۔

وہ کیسی ماں تھی جو اپنے بچوں کی نظر میں گھر کی معمولی مغلانی بن کر رہ گئی تھی جو اپنے بچوں کو میرے بچے کہہ کر کلیجے سے نہیں لگا سکتی تھی۔ جس کے بچوں کو کبھی یہ علم نہ ہو سکا تھا کہ حشمت جہاں اماں جان ضرور ہیں مگر ممتا کسی اور کے سینے میں بے چین ہے۔ وہ نظریں جو ان پر واری جاتی ہیں کس کی ہیں۔ ان کے بچوں کو وقت پر کھلانے پلانے، سلانے اور منہ اندھیرے قرآن شریف پڑھانے اور رات گئے تک سنبھالنے میں ایک بوا کا نہیں بلکہ خاندانی خون کا ہاتھ ہے مگر یہ سب کہنا سننا ہی کس کو منظور تھا؟ اس کی تسکین کے لئے یہی کافی تھا کہ اس کے جگر کے ٹکڑے شاہی خاندان کا سلسلہ قائم رکھے ہوئے تھے۔ انھیں لوگ شہزادیاں کہتے تھے۔

اچانک بوا کی یہ تسکین بھی کسی نے چھین لی۔ بڑے سرکار کے بعد بے حساب بیوائیں سفید کفنیاں پہنے ادھر ادھر گھومتیں تو اتنی بڑی ڈیوڑھی وسیع قبرستان میں تبدیل ہو جاتی جس میں بے چین روحیں آدھی رات کو بھٹکتی پھر رہی ہوں۔

جاگیرداری کے خاتمے کا دورا تازیانہ پڑا تو ڈیوڑھی کی کمر ٹوٹ گئی۔ یوں سب بکھر گئے منتشر ہو گئے جیسے آندھی سوکھے پتے اڑائے لئے جا رہی ہو۔ سارا قیمتی سامان دو تین برسوں میں فروخت ہو گیا جنھیں پکے فرش پر بیٹھنے عادت تھی۔ انھوں نے ہزارہا روپئے کا سامان، کوڑیوں کے مول خرید خرید کے گھروں میں بھر لیا۔ جو اجازت لے کر بڑی بڑی ڈیوڑھیوں کو میوزیم کی طرح دیکھنے جاتے تھے انھوں نے ڈیوڑھیاں خریدنا شروع کر دیں

جن کی سات پشتوں نے کبھی اپنے گھر میں فانوس و کنول نہیں لٹکائے تھے وہ آج ہر اجوں سے چھڑائے ہوئے فانوس اپنی دو کانوں پر لٹکائے بیٹھے تھے۔

یہ شاید ماں باپ پر ظلم ڈھا کے زبر دستی ان کی کنواری لڑکیوں کو محل میں داخل کر لینے کی سزا ہے۔ بیوی کے دل سے نکلی ہوئی آہوں کا کرشمہ ہے۔ ماں سے ممتا چھین لینے و بے آسرا کر دینے کے عوض دیا گیا عذاب ہے۔

زلزلہ سے تباہ ہونے والے خوبصورت شہروں کی طرح سب کچھ دفن ہو چکا تھا۔ یہ کیسا زلزلہ تھا جس نے زندگی کی بنیادیں ہلا کر کمزور کر دی تھیں۔ کل تک ڈیوڑھی جس آن بان سے کھڑی تھی آج سیلاب زدہ مکانوں کی طرح کمزور و بوسیدہ ہو گئی تھی۔ اب یہاں صرف معمولی زندگی تھی۔ پے در پے شکستوں نے سب کو چڑ چڑا اور بد مزاج بنا دیا تھا۔ اب یہاں بیماریوں، لڑائیوں اور آپس کی دشمنی کا راج تھا۔ ہر وقت بڑی بیگم اپنی لٹی ہوئی دولت کا مرثیہ پڑھا کرتیں۔ حشمت جہاں کراہتی رہتیں۔ نواب پاشا اور بیگم پاشا بچوں پر جھنجھلا کے مارنے دوڑتیں۔ اور وہ اپنی بڑی بڑی آنکھوں میں حیرانی لئے نقش بہ دیوار بنی سب کچھ دیکھتی رہی۔

ڈیوڑھی کے کئی حصے گر پڑ گئے تھے اور اب ان کھنڈروں میں گرتے ہوئے منقش ستون آنے جانے والوں سے عظیم داستانیں بیان کرتے۔ وہ بھی ایک کھنڈر تھی کمزور بوسیدہ، گری ہوئی دیواروں کا کھنڈر، جس کے نیچے ایک عہد دبا پڑا تھا۔

(۲) سائے

اس انوکھے اور رنگین شیشوں کے اونچے اونچے دروازوں والے محل کو نیلام کر کے جیسے زلیخا بیگم کی گود خالی ہو گئی اور ایسی ماں بن گئیں جس کا اکلوتا جوان بیٹا مر گیا ہو!

ارمانوں کے پھول مرجھا گئے تھے اور نزدیک کی آوازیں بھی کسی دور جنگل سے آنے والی درختوں کی سائیں سائیں کی طرح کانوں میں آرہی تھیں اور آج وہ برسوں بعد اپنی بہن سے مل کر اس محل کی کہانی سناتے ہوئے بار بار آنسوؤں کے بیچ اپنی ہچکیاں روک رہی تھیں۔

ہائے آپا بیگم۔ محل تو جیسے میرے خوابوں میں بس گیا ہے اس کی ایک ایک اینٹ یاد آتی ہے۔ اس ساٹھ روپلی والے ذراسے گھر میں تو جیسے زمین تلوؤں سے چپک جاتی ہے۔ محل کی بات ہی نہیں آتی۔ سوتے سوتے اچانک اٹھ بیٹھتی ہوں۔ باغ میں کھلنے والی کھڑکیاں بند کرنے کا خیال آتا ہے۔ ہاتھ اٹھتے ہیں۔ مگر صحرا جیسے صحن میں پھول پھل کہاں؟ میں ویرانے میں آگئی۔ میرے خواب اجڑ گئے۔ ہائے بانجھ عورت کی کوکھ بن گئی ہیں تو" انھوں نے ناک پر آنچل رکھ کر سسکی لی۔ زلیخا بیگم۔ برا نہ مانو تو ایک بات کہوں۔ یہ سب تمہارا ہی کیا دھرا ہے۔ اللہ جانے ایسی کونسی آفت پھٹ پڑی تھی کہ اتنا شاندار محل بیچ دیا۔ میاں کی نشانی سمجھ کر اپنی زندگی تک تو بچا رکھا ہوتا"۔

لالہ بیگم نے آگ پر تیل چھڑکا تو زلیخا بیگم کا دل آبلہ بن گیا۔ ساری دنیا سے بد دل ہو کے انہوں نے آنسو پونچھ لئے اور اٹھ کے کمرے میں چلی گئیں۔

محل کے فروخت ہونے کے بعد جیسے کسی نے ان کی زندگی کی ساری خوشیاں،

آرزوئیں وامنگیں بھی فروخت کرڈالی تھیں اور وہ اپنی آنکھوں میں صرف آنسو ہی بچا سکی تھیں جو بیک وقت مرحوم شوہر اور نیلام شدہ محل کی یاد میں بہائے جاتے تھے۔ اوپر سے زمانہ بھر کی بے مروتی نے ان کی رہی سہی زندگی بھی اداسیوں کے حوالے کر دی تھی ہر وقت دیوار پر نظریں گاڑے وہ حیرت زدہ سی اپنی مسہری پر پڑی رہتیں۔ پچھلی زندگی کی ذرا ذرا سی باتیں اس دور کے اہم واقعات بن گئی تھیں۔ ان سارے واقعات نے ان کے ذہن پر اپنے نوکیلے پنجے گاڑ دیئے تھے۔ سرمہ لگی موٹی موٹی آنکھیں اب بالکل بے رنگ، ویران لگتیں جن کے اطراف باریک جھریاں دیدے کی حرکت سے تھرایا کرتیں، سرخ وسفید چہرے پر جھائیاں پڑ گئیں تھیں اور پان کی سرخی سے رہ وقت تر رہنے والے ہونٹ اب اکثر سوکھے رہتے۔

کلائی بھر کے طلائی چوڑیوں کی جگہ اب صرف ایک ایک موٹا بھدا اکڑا لٹکی ہوئی جلد کے ساتھ جھولتا رہتا۔ ریشمی کار گے کی پھولدار کرتی کی جگہ سستے ہینڈ لوم کے ڈھیلے ڈھالے کرتے نے لے لی تھی۔ کم خواب دبتی کے اطلس کے تنگ مہری کے پاجامے اب کبھی کبھار شادی بیاہ کے موقع پر ہی دکھائی دیتے ورنہ سفید لٹھے کے چوڑی دار پاجامے ہی پہنے رہتیں اور سفید ململ کے باریک دوپٹے ہی سر پر دیکھے جاتے۔

مجبوری، بے بسی وشدید اضطراب نے ان سے زندہ دلی وخوش مزاجی چھین لی تھی۔ غالب کے کلام کی دیوانی اب اکثر فانی کے دیوان کا مطالعہ کیا کرتیں اور جن لوگوں نے فانی کا دیوان ان سے مانگ کر پڑھا تھا وہ جگہ جگہ پانی میں بھیگ کر خراب ہونے والے اوراق دیکھ کر تعجب کرتے۔ ان کو کہانی والی بے بس شہزادی یاد آجاتی جس کو شہزادے کے پہلو سے آدم خور اٹھا لئے گئے تھے۔ ان بیتے دنوں کا حسن یاد کر کے روتی تھی۔ کیا یونہی جکڑے جکڑے زندگی گذر جائے گی۔ زلیخا بیگم دل ہی دل میں اپنے آپ سے پوچھتیں اور

اس وقت ان پر عجیب و غریب دورے پڑتے۔ ڈاکٹر نیند کی دوا دے دے کے انہیں سلادیا کرتے۔

یہ سوچ سوچ کر ان پر اداسی و قنوطیت طاری ہو جاتی کہ اب وہ کبھی اپنے محل میں قدم نہ رکھ سکیں گی۔ لالہ امر ناتھ کا بنگلہ بن جانے والا ان کا محل پھر زلیخا محل نہ کہلایا جا سکے گا۔ چنبیلی کی نازک سفید کلیاں اب زلیخا بیگم کی خوابگاہ کی بجائے لالہ امر ناتھ کے بڈ روم پر اپنی مہک لٹائیں گی۔ اور باغ کے سامنے منقش ستونوں والے اور انڈے میں جہاں تخت پر مخمل کے غالیچے کا فرش ہوتا اور جس پر بیٹھ زلیخا بیگم اپنے چاندی کے بھاری پاندان سے پان لگا لگا کر نواب صاحب کے خاصدان میں رکھا کرتیں۔ شاید وہاں اب لالہ امر ناتھ کی مسز نے کھانے کی میز لگوادی ہو۔

حوض سے آگے کی روش جو بڑے بر آمدے تک جاتی تھی۔ اور جہاں کار چوبی مسند پر بیٹھ کے نواب شرافت جنگ کھانے کے بعد حقہ پیا کرتے تھے۔ وہ کھلا بر آمدہ نئے ڈیزائن کی جال لگوا کے بند کر دیا گیا ہے اور اب لالہ امر ناتھ اس خوبصورت ڈرائنگ روم میں ملاقاتیوں کے ناموں کے کارڈ الٹ پلٹ کے دیکھتے اور ایک ایک ملاقاتی کو ملنے کا موقع دیتے تھے شاید کچھ ملاقاتی اب بھی ڈرائنگ روم سے باہر پتلے لمبے کوچ پر بیٹھے ہوں۔

اس محل میں ان کی جوانی گذری تھی یہیں ان کے بچوں نے آنکھیں کھول کے اپنے تابناک مستقبل کا اندازہ کیا تھا۔

اناؤں، آیاؤں کے ہاتھوں میں پھول کی طرح اٹھائے جانے والے بچے آج محل نیلام کر کے خوش تھے۔ لڑکے نے لیبیا میں نوکری کر لی تھی اور اب یہ بھی بھول گیا تھا کہ اس کا ہندوستان سے کیا تعلق ہے۔

انجمن آراء نے اونچی سوسائٹی کے سارے ہتھیار اپنے قبضہ میں کر لئے تھے اور ان ہتھیاروں سے لیس ہو کر وہ اب ساری دنیا کو جیتنے کے خواب دیکھے جاتیں اونچے سوسائٹی کے سارے اونچے آدمی ان کے اشاروں پر ناچتے تھے اور ان کو اس کا پور احساس تھا کہ ان کی سرخ وسفید رنگ، سنہری گھونگریائی لٹیں اور انار کی کلی جیسے شاداب ہونٹ، پہلی ملاقات ہی میں ملنے والے پر اپنا گہرا اثر چھوڑتے ہیں۔

بیچاری زلیخا بیگم روز کے ڈنر اور پارٹیوں سے عاجز آ گئی تھیں مگر انجمن آراء بہت سوشیل خاتون تھیں۔ اور ان کو میل جول بڑھانے کا خاص سلیقہ تھا۔

سوشیل ورک کے آنزیری عہدے سنبھال کے ان کو روحانی مسرت حاصل ہوتی۔ اب یہ دوسری بات تھی کہ ان کے متعلق لوگوں نے کافی داستانیں گھڑ لی تھیں جن میں سے ایک یہ تھی کہ انہوں نے سوشیل ورک کے ثبوت میں دودھ کے پاؤڈر کے بیر لس بیچ کے ہزاروں روپیہ کمایا ہے اور صبح سے شام تک نئی نئی کاروں میں گھومنے اور بڑے آدمیوں کو دعوتیں دینے میں اسی پیسے نے مدد کی ہے۔

کئی بار بعض سرپھروں نے گمنام خطوط بھیجے ہیں ملک پاؤڈر کے بیر لس کی تعداد اور ہوٹلوں کے نام تشہیر کر دینے کی دھمکی بھی دی گئی۔

ہر بار انجمن آراء نے مسکرا کر حقارت سے ان الفاظ کی طرف دیکھا اور اک ادا سے آنچل جھٹک دیا۔ گویا انہوں نے ہر الزام کو اپنے آنچل سے نیچے جھٹک دیا ہو اور کار لے کے چل دیں اور جب واپس لوٹیں تو زلیخا بیگم نے ان کے چہرے پر اطمینان کا نور برستا دیکھا مگر ان کو ہر وقت انجمن آراء کا گھر سے باہر رہنا پسند نہ تھا۔

یا تو کوئی کار پھاٹک پر آئی ہے یا جا رہی ہے۔ ایک ایک لمحہ مصرف کبھی زلیخا بیگم نے لب کھولنا چاہے تو انجمن آراء نے رکھائی سے جواب دیا۔

جو باتیں سمجھ میں نہ آتی ہوں، ان کو سمجھنے کی کوشش بھی نہ کیا کیجئے۔

بات بات پر ٹوک کے مجھے بڑے آدمیوں میں ذلیل کرنا چاہتی ہیں۔

سوشیل ورک کے ان بڑے بڑے اونچے ستونوں سے ٹکرا کے زلیخا بیگم کی ذہنیت مجروح ہوگئی وہ اس طرح خاموش بیٹھی رہتیں جیسے بدھا کا اسٹیچو ایک ایک جگہ بیٹھے بیٹھے شانتی کا پیام دیتا ہے۔ انسانیت، صاف دلی اور خلوص کا پرچار کیا کرتا ہے مگر دیکھنے والے فن کی تعریف کر کے آگے بڑھ جاتے ہیں۔ اس پرچار پر کون دھیان دیتا ہے۔

اور پھر اچانک انجمن آراء کو اس محل سے وحشت ہونے لگی۔ پرانی طرز کا بنا ہوا یہ محل، انجمن آراء کو ہمیشہ سے ناپسند تھا اور اب جب کہ یہ محل، کلب، بھی بن گیا تھا جہاں خوبصورت نئی کاریں قطار میں کھڑی ہوتیں اور اندر قہقہوں کی پھلجھڑیاں چھوٹیں۔

مسٹر رام راؤ اپنی ولایت کی زندگی کے بارے میں حد درجہ مبالغ سے کام لیتے پھر بھی انجمن آراء وہ سب کچھ حقیقت سمجھ کے توجہ سے سنتیں، جرمنی سے نیا نیا آیا ہوا آرکٹیکٹ، جو ہر وقت انجمن آراء کو مکانوں کے تڑپا دینے والے ڈیزائن بنانا کے دکھایا کرتا اور چلتے پھرتے وقت اس پر بھی کسی نئے مکان کے ڈیزائن کا شبہ ہوتا۔

اونچا قد، چوڑا سینہ اور مضبوط جبڑوں و کرخت صورت والا وہ آرکٹیکٹ جس کے ساتھ بیٹھ کے انجمن آراء کو اور بھی شدت سے محل کے در و دیوار سے نفرت محسوس ہونے لگتی۔

بار بار زلیخا بیگم کے سامنے اس پرانی طرز کے محل پر لعنت بھیجی گئی مگر زلیخا بیگم بالکل ہی انجان بنی رہیں تو انجمن آراء نے ہمیشہ کیلئے ہندوستان چھوڑ دینے کی دھمکی دی۔ دکھتی رگ پر ہاتھ پڑتے ہی زلیخا بیگم تڑپ گئیں۔ بیٹے نے پہلے ہی ہندوستان چھوڑ دیا تھا اور اب اللہ نہ کرے انجمن آرائی۔۔۔ انہوں نے آنسوؤں کو دوپٹہ میں جذب کر لیا اور دیا

سلائی دکھائے گئے موم کی طرح پگھل گئیں۔

دھڑکتے دل اور دھندلی آنکھوں کے ساتھ انہوں نے دیکھا کہ لالہ امر ناتھ نے زلیخا محل کے الفاظ والی سنگ مرمر کی تختی بڑی پھاٹک سے نکلوادی اور امر بھون کے ابھرے ہوئے الفاظ انگارے بن کے زلیخا بیگم کے ذہن سے چمٹ گئے۔

انجمن آراء کا نیا بنگلہ ڈیکوریشن کے ماہرین سجا چکے تو انجمن آراء نے اطمینان کا سانس لیا۔ اور زلیخا بیگم کے لئے الگ مکان کا انتظام ہو گیا۔ زلیخا محل کی مالکہ نے کرایہ دار کی حیثیت سے نئے گھر میں قدم رکھا تو پیروں تلے زمین کھسکتی ہوئی محسوس ہوئی۔ اچھا کیا انجمن نے زندگی میں ہی میرا مقبرہ بنوادیا۔ باغ تو باغ، آنگن میں سبز پتی والی جھاڑی بھی نہ ملی۔

آج زلیخا بیگم کو اپنے محل کی وسعت کا احساس ہوا۔ بڑے بڑے روشن ہال اور لا تعداد کشادہ کمرے، باغ کے تناور درخت جن پر بیٹھی ہوئی مینائیں سویرے ہی پھڑ پھڑا کر اڑ جاتیں۔ اونچے اونچے روئی کے درخت جن کے سبز چکنے تنے اوپر ہی اوپر سیدھے چلے گئے تھے جن کی شاخوں میں روئی کے لمبے پھل ہوا سے جھولتے رہتے۔ برآمدے کی سبز جال پر سرخ پھولوں والی بیل ان کے تصور میں جھوم جاتی۔ یوکلپٹس کے سفیدی مائل سبز پیڑ، ناریل کے پیڑ جو باغ کی روش پر دونوں طرف قطاروں کی صورت میں کھڑے رہتے۔ لیموں کے جھنڈ سے گذرتے ہوئے ایک عجیب سی خوشبو آتی۔ جو زلیخا بیگم کو بہت پسند تھی۔ مہندی کی اونچی باڑھ میں سفید پھولوں کے گچھے کھلتے تو حنا کی مہک دور تک جاتی۔

بڑے درمیانی ہال کی چھت سے لٹکے ہوئے کنول نواب صاحب کی زندگی میں سرِ شام ہی روشن کئے جاتے تھے۔ زلیخا بیگم جلدی سے کامدانی کا دوپٹہ سر پر کھینچ لیتیں اور

نواب صاحب چراغ جلتے ہی اپنی لاڈلی بیٹی اور چاند سے بیٹے کا منہ دیکھنے آتے۔ یہی تو چراغ ہیں ہمارے گھر کے۔" وہ پیار سے بچوں کو دیکھ کر کہتے تو زلیخا بیگم سر اونچا کر لیتیں۔

ہائے کیا پتہ تھا کہ یہی چراغ گھر میں آگ لگا دیں گے۔ زلیخا بیگم سوچتے سوچتے اپنی زندگی کے گذرے ہوئے لمحوں میں جا کھڑی ہوتیں۔ اب ان کی واحد دلچسپی ماضی کے اوراق کی تلاوت تھی جو وہ صبح و شام کرتی رہتیں۔

انہوں نے اس محل میں بادشاہت کی تھی اور اب وہ ایک معمولی عورت کی طرح ایک معمولی گھر کی کرایہ دار تھیں۔ نواب صاحب کے بعد جو گذارہ نہیں سرکاری خزانہ سے ملتا تھا اب اس کا سہارا ابھی ختم ہو رہا تھا۔ اب گذارہ گھٹتے گھٹتے آدھا رہ گیا تھا اور جاگیرداروں کا جیتا جاگتا، جگمگاتا دور نزع کے عالم میں تھا۔ اک دور مر رہا تھا سنہرا دور جس میں انسانوں نے اپنے تخیل کی طرح حسین زندگی گذاری تھی اور اب اپنی گذری ہوئی زندگی کی شاندار روایتوں، رسم ورواج، آن بان کے افسانے سنا سنا کے تکلیف کے دن گذار رہے تھے۔ ایک طرف اس دور کے عمر رسیدہ لوگ تھے جن کی ذہنی حالت انتہائی خراب ہو گئی تھی۔ ایک طرف نوجوان طبقہ تھا جس میں زمانہ سے لڑنے اور جدوجہد کرنے کا شعور پیدا ہو رہا تھا ایسے بھی تھے جو اس چوٹ کو سہنے کی صلاحیت اپنے میں نہ پاتے تھے۔ زلیخا بیگم ان ہی میں سے تھیں وہ ایسے ڈوبنے والے کی طرح تھیں جس کو تیرنا بھی نہ آتا ہو اور جس نے بے بس ہو کر اپنے آپ کو موجوں کے حوالے کر دیا ہو۔

اگر ہمارے بچے اس طوفان سے بچ کر نکل بھی گئے تو انجمن آراء کی طرح ابھرنے سے کیا فائدہ۔ وہ گھبرا کر سوچتیں۔

تم نے سنا؟ اب کی بار انجمن آراء نے شہر کے اسپتالوں کے پردوں، چادروں، توالوں اور مریضوں کے لباس کے کوٹے سے ہزاروں روپیہ کمایا۔ للہ بیگم نے ایک دن

زلیخا بیگم کو خوشخبری سنائی۔

ہاں آپا! سن لیا میں نے۔ انہوں نے بات ٹالنا چاہی۔

سننے میں آیا ہے انجمن آراء کو باہر کے دیشوں میں بھیجا جائے گا۔ کیا شہرت پائی ہے۔ اس لڑکی نے۔ میں تو کہتی ہوں قابل لڑکوں کو بھی پیچھے چھوڑ دیا۔ لالہ بیگم جلدی سے پان کلہ میں دبا کر حیرت و مسرت سے چمکتے چہرے کے ساتھ بڑی بڑی حیران آنکھیں پھیلا دیں۔

زلیخا بیگم نے سر جھکا لیا اور دیر تک سوچتی رہیں۔ ایک ہی بات بار بار دماغ میں آتی تھی۔ یہ سچ ہے جاگیر داروں نے تو آج تک حرام میں کھایا پیا اور لٹایا۔ اچھا ہوا کہ جاگیر داری ختم ہو گئی مگر جاگیر داری بڑی سخت جان ہے مرنے والی چیز نہیں۔ شاید ہر دور میں روپ بدل کر زندہ رہتی ہے اور اپنا کام کئے جاتی ہے اور کسی کو پتہ بھی نہیں چلتا۔

کیا سوچ رہی ہو کیا تم کو خوش نہیں ہوتی کہ

آپا۔۔۔ زلیخا بیگم بات کاٹ کے بولیں۔

وہ روپیہ جو گھر بیٹھے جاگیر داروں کو دیا جاتا تھا وہ روپیہ آج لوگ یوں کھا رہے ہیں عوام کی خدمت کرنے کے بہانے سہی اور پھر ساری دنیا کو پتہ چلتا ہے کہ آنریری کام کر کے کتنی بڑی قربانی دی گئی ہے۔ ہائے توبہ اللہ! انہوں نے غصہ میں پان کی پیک زور سے آنگن میں تھوک دی اور لالہ بیگم آنکھیں پھیلائے حیرت سے منہ کھولے رہ گئیں۔

چچ چچ۔ سٹھیا گئیں بیچاری، سہاگ لٹا، محل فروخت ہو گیا۔ بیٹے نے منہ پھیر لیا۔ بیٹی نے الگ کر دیا۔ غموں نے دماغی توازن چھین لیا۔ واہیات بکنے لگی ہیں۔ لالہ بیگم دل ہی دل میں سمجھ بیٹھیں۔

انجمن آراء آج بھی جاگیر دار بن کے زندہ ہے آپا۔ جاگیر داری کبھی نہیں مرتی۔

زلیخا بیگم نے ڈراؤنی آنکھوں سے لالہ بیگم کو دیکھا۔

پھر ان کو یوں محسوس ہوا جیسے وہ بھنور میں پھنسی ہوئی کشتی پر بیٹھی ہوں اور کشتی بھنور میں چکرا رہی ہو۔ نگاہوں کے سامنے سے حقیقتیں غائب ہو گئیں اور سائے رہ گئے تھے۔ تھرتھراتے۔ لرزتے سائے۔

(۳) پتھر اور کونپل

اس نے ہتھیلی کی پشت سے پلکوں پر جلتے ہوئے آنسوؤں کے قطرے پونچھ دیئے اور کھڑکی سے باہر دیکھنے لگی۔ نیلے آسمان پر دور تک پھیلے ہوئے بادلوں کے غبار پر نظر جم گئی۔ پھر دیکھا تو دور تک میدان ہی میدان پڑا تھا۔ مٹیالا، مٹیالا اور کہیں کہیں ہلکا سبزہ زمین پر بچھی ہوئی کائی کی طرح لگتا تھا اس نے ہاتھ بڑھا کے پردے کی چنت سمیٹ لی۔ ہوا کا ایک جھونکا تیزی سے آیا اور آنکھوں کی نمی پر ٹھنڈک کا احساس ہوا۔ وہ کتنی دیر سے رو رہی ہے۔ درد کی ٹیسیں دل کی رگ رگ میں رینگ رہی ہیں۔ دل کا سارا غبار آنسوں کے ننھے منے قطروں میں بہہ رہا ہے۔ پھر بھی ایک پتھر سا سینے پر دھرا ہے۔

یہ درد بادلوں کی طرح اس کے سینے میں کیوں تیرتا پھرتا ہے۔ ایک دم چھما چھم برس کے تھم جائے بھرا بھرا سا دل لئے وہ کب تک منہ چھپا کے روتی رہے گی۔

میدان پر جھکے ہوئے ابر کے سیفد ٹکڑے ایک دوسرے کے پیچھے دھیرے دھیرے رینگ رہے تھے۔ ویسے ہی جیسے وہ اپنی زندگی کی لمبی، اداس اور سنسان سڑک پر مشین کی طرح چلتے چلتے تھک گئی اور دھیرے دھیرے بھاری بھاری قدم اٹھا رہی ہے۔ منزل کہاں ہے؟ یہ بادل کہاں جا رہے ہیں۔ چپ چاپ بھرے بھرے دل کے ساتھ یہ کہاں برس پڑیں گے۔ اس نے کنکھیوں سے دیکھا۔ اس کا شوہر جھولنے والی کرسی پر بیٹھا اخبار پڑھ رہا تھا۔ دونوں کے بیچ صرف اخبار کی اوٹ تھی مگر اس کو یوں لگا جیسے یہ اخبار نہیں ہے۔ ایک مضبوط دیوار ہے اور اس دیوار کو ان دونوں کے خیالات، احساسات،

نظریات و جذبات کے اختلافات نے تعمیر کیا ہے۔

وہ دونوں ایک دوسرے سے کس قدر مختلف تھے۔ کوئی ایک عادت بھی تو مشترک نہ تھی پھر بھی وہ اس کی ذرا ذرا سی فرمائش پوری کرتی۔ اس کی عادتوں کو اختیار کرنے کی کوشش میں اس کی اپنی عادتیں بھی چھوٹ گئیں۔ اس کی شخصیت میں خود کو گھول دینے میں اس کی اپنی شخصیت مسخ ہوگئی اور وہ یوں خالی الذہن ہوگئی جیسے سوچنے کو دنیا میں کچھ نہ رہ گیا ہو۔

پھر بھی وہ ایک گھر میں رہتے تھے۔ ایک پلنگ پر سوتے تھے۔ ایک دوسرے سے دور ہوتے ہوئے بھی وہ ساتھ اُٹھتے بیٹھتے تھے۔۔۔ یہ گھر جو اس کے آنے سے پہلے ویران پڑا رہتا تھا، جس کو اس کے ہاتھوں نے سنوارا سجایا تھا وہ سارے گھر میں کھوئی کھوئی سی کام کاج میں مصروف گھومتی رہتی تو پردے لہرا لہرا کے پوچھتے۔ تم کون ہو۔۔۔؟ گلدانوں کے پھول سر اُٹھا اُٹھا کے اس کو پہچاننے کی کوشش کرتے اور اس کے اندر ہی اندر کوئی بڑی ڈراوُئی آواز میں ضد کئے جاتا۔ تم کون ہو۔۔۔؟ تم کون۔۔۔؟

وہ بھولی بھالی سانولی لڑکی جس کی بڑی بڑی آنکھوں میں کاجل کی تحریر ایک خوبصورت شعر کی طرح لکھی ہوئی تھی۔۔۔ جس کی نظروں میں زندگی کے ولولے شعلے بن کر لپکتے تھے جس کے ننھے منے دل میں امنگوں کے چراغ سدا کودیتے تھے اور جس کے شاداب ہونٹوں پر اچھوتی مسکراہٹ چھائی رہتی تھی۔ جو ہنستی گاتی حسین زندگی کے سپنے دیکھتی تھی۔۔۔ وہ آج تھکی تھکی، بجھی بجھی یوں بیٹھی ہے جیسے اس کے سارے سپنے لٹ گئے ہیں۔ شعلے راکھ بن چکے ہیں۔ اُمنگوں کے سارے چراغ ایک ایک کر کے بجھ گئے ہیں اور اندھیرے کی گمبھیرتا میں اس کو اپنا راستہ نہیں سوجھتا۔ وہ کہاں جائے؟ کیا کرے؟

کھڑکی میں بیٹھی وہ آسمان کو تکتی رہی۔ بادلوں کے غبار میں بنتے بگڑتے محل اس کو

بچپن سے اچھے لگتے تھے۔ اپنی تھوڑی ہتھیلیوں کے پیالے میں جمائے وہ بیٹھی گھنٹوں اُنھیں گھورا کرتی۔ ہائے یہ محل تو اس کی اپنی اُمیدوں کے محل ہیں۔ ابھی بنے نہیں کہ ٹوٹ گئے! کیا دیکھ رہی ہو بیٹی ---؟ اس کا باپ اپنا شفقت بھرا ہاتھ اس کے بالوں پر دھیرے دھیرے پھیرنے لگتا---

جی---؟ وہ چونک کے دیکھتی--- وہ شفیق آنکھیں جن کے اطراف جھریوں نے جالے تان رکھے تھے، مسکرانے لگتیں۔

دیکھئے نا--- یہ بادلوں کے زمین و آسمان--- بادلوں سے بنے ہوئے محراب اور کمانیں--- محل کی دیواریں و سیڑھیاں کتنی اُجلی ہیں جیسے یہ سب کچھ برف میں ڈھالے گئے ہیں۔ یوں لگتا ہے جیسے بادلوں نے پوری الف لیلیٰ پینٹ کی ہو------ ویسے ہی شاندار محل اور ویسا ہی پر اسرار ماحول---

اور اس کا باپ ہلکی سی چپت لگا کے کہتا، بس پگلی ہے۔ بالکل پگلی اس نے بچپن کی دہلیز سے باہر قدم رکھا تو اس کی ضدی ہٹیلی اور پر وقار شخصیت پر سب ہی وارے نیارے ہو گئے۔ اس کا باپ اس کی ذرا سی ناراضگی پر اُداس ہو جاتا۔ ماں ذرا سی تکلیف پر تڑپ اُٹھتی اور بھائی اس کی ہر ضد یوں پوری کرتا جیسے زندگی کے اہم ترین فرائض میں یہ فرض بھی شامل ہو۔

ایک دن وہ یوں ہی گلاب کی خاردار باڑھ میں کھلے ہوئے گلابی پنکھڑیوں والے پھولوں پر تھرکتی رنگ برنگی تتلیوں پر نظریں جمائے بیٹھی تھی۔ ہمیشہ کی طرح ہونٹوں پہ مسکراہٹ تھی، نظریں تتلیوں کے تعاقب میں اُڑ رہی تھیں اور کورے بالوں کی لٹیں روپٹہ کی ملگجی سلوٹوں پر بکھر گئی تھیں کہ اچانک سامنے سے کسی پکارا۔

ارے دیکھ تو یہ کون آیا ہے---؟

کون آیا ہے۔۔۔؟اس نے لاپرواہی سے نظریں اُٹھائیں۔

گھنی گھنی گنجان بھوؤں کے نیچے دو خوبصورت سی اداس آنکھیں اُسے دیکھ رہی تھیں۔

گھڑی بھر کے لئے وہ اندازہ نہ کر سکی کہ کہاں کھڑی ہے۔

یہ انجم ہے میرا نواسہ۔۔۔ مگر تو نے کا ہے کو دیکھا ہو گا۔ آہاہا۔۔۔ ہی ہی بالکل سنکی ہے سنکی۔۔۔ داڑھی مونچھ نکل آئی تو اب نانی کا گھر یاد آیا۔۔۔ رحمت خالہ نے گویا تعارف کروایا۔ پھولی پھولی سانسوں کے ساتھ اپنی مخصوص ہنسی کے درمیان انھوں نے رُک رُک کے بتایا۔۔۔ مگر وہ اس قدر مرعوب ہو گئی تھی کہ "بڑی خوشی ہوئی آپ سے مل کے "کا عام پسند جملہ بھی نہ دُہرا سکی۔ وہ آنکھیں اب تک اس پر گڑی ہوئی تھیں اور وہ گھبرائی گھبرائی سی اِدھر اُدھر نظریں دوڑا رہی تھی۔ اِدھر اُدھر کی کچھ باتوں کے بعد غالباً رحمت خالہ نے سوچا کہ وہ اب تک تفصیلی تعارف کرانے میں ناکام رہی ہیں۔

"اب تو اللہ رکھے ملازمت بھی مل گئی مگر عورت کی برائی تو اس کے دماغ میں بیٹھ گئی ہے کہتا ہے شادی نہ کروں گا۔۔۔ یہ بھی کوئی بات ہوئی۔ دُنیا کے لڑکے کیا چاؤ کرتے ہیں شادی بیاہ کا۔۔۔ ارے شادی ہو گی تو بیوی بچے ہوں گے، ہوں گے، گھر ہو گا اپنی جھونپڑی کا ارمان کسی کے محل کو دیکھ کے پورا نہیں ہوتا بھلا تنہائی کی زندگی بھی کوئی زندگی ہے۔۔۔؟" رحمت خالہ ایک ہی سانس میں کہتی چلی گئیں۔ "اچھا۔۔۔ تو آپ کو عورت سے نفرت ہے" اس نے دل ہی دل میں ہنسی اڑائی اور رحمت خالہ کی بات سنی ان سنی کر کے اُٹھ کھڑی ہوئی چلیئے رحمت خالہ برآمدے میں بیٹھیں۔۔۔

نہ جانے مردوں کو یہ عجیب سا مرض کیوں ہوتا جا رہا ہے، کسی خوبصورت لڑکی کو دیکھا تو بس پہروں گھورتے رہیں گے۔ اپنے متعلق اس کے ہونٹوں سے نکلا ہوا معمولی

ساجملہ بھی سننے کو کان ہر وقت کھڑے رہیں گے۔ چلتے چلتے ہاتھ ملانے کو بے قرار ہو اٹھیں گے۔ مگر کہیں گے کیا۔۔۔؟

ارے شادی۔۔۔؟ کون یہ جھنجھٹ مول لے، عورت بری چیز ہے عورت تو بری چیز تب سے ہے جب حوّا پیدا کی گئیں۔ اور حضرت آدم بھی جنت سے نکلے ہوئے یہی تیر عورت کے کلیجے پر لگاتے گئے مگر عورت کا کلیجہ تیر کھا کھا کے چھلنی بھی ہو جاتا ہے تو اپنے زخم چپکے سے چھپا لیتی۔ یوں اعلان نہیں کرتی پھرتی۔۔۔۔۔۔ رحمت خالہ کے پلے کچھ نہ پڑا تو جلدی جلدی پان کی ڈبیا پر بندھی دستی کی گرہ کھولنے میں مصروف ہو گئیں۔

انجم نے چونک کر اس کی طرف دیکھا۔ اس کی آنکھوں میں جیسے اُداس شام گہری ہو گئی تھی۔

"اچھی خاصی فلاسفر کی نانی ہے یہ ذرا سی لڑکی۔" اس نے سوچا بڑی مشکل سے انجم نے اپنی شخصیت پر روغن چڑھایا تھا۔ اپنی باتوں کے انوکھے انداز اور آنکھوں کی اُداسی کو سحر زدہ سا بنائے وہ ہر بحث مباحثہ میں زور وشور سے حصہ لیتا۔۔۔ فتح مندی کی مسکراہٹ ہونٹوں پہ لیئے اپنی شخصیت کے احترام میں گھنی بھنوئیں کھینچے، مضبوطی سے نچلا ہونٹ دانتوں تلے دبائے وہ کرسی سے اُٹھتا تو دیکھنے والے داد دینے کے انداز میں تعریفی نظریں اس کی طرف پھینکتے مگر یہ لڑکی تو اس کو یوں نظر انداز کر رہی تھی کہ اس نے جگہ جگہ سے اپنی شخصیت کے رنگ وروغن کو کھرچا محسوس کیا، آنکھوں کی اُداسی کا سحر پہلی بار ناکام رہا اور وہ جلد ہی اکتا گیا۔۔۔

جب تک اس کی چھٹیاں ختم نہ ہو گئیں وہ آتا رہا۔۔۔ دُنیا کے سارے خشک موضوع اس کے آتے ہی سرپٹ دوڑتے آتے اور دونوں کے درمیان بکھر جاتے انجم کے انداز بیان، لہجہ کی گرمی اور صحت مند نقطۂ نظر کی وہ قائل ہوتی جاتی مگر کبھی کبھی وہ

سوچی"۔۔۔ یہ ہوا کے ہلکے سے جھونکے کا جھک کے سلام لینے والے ننھے منے" پھول۔۔۔ یہ اترائے اترائے سے شریر بھونرے۔ اور جھپٹ جھپٹ کے ہر طرف دوڑنے والے پھولوں کی مہک۔۔۔ کیا یہ کسی بھی خوشگوار گفتگو کا موضوع نہیں بن سکتے۔۔۔؟

مگر اس کی آرزو کبھی پوری نہ ہوئی۔ انجم ہمیشہ زندگی کا کوئی خشک ترین مسئلہ اپنے سوچ بچار کے لئے چن لیتا اور اس کو بھی حصہ لینا پڑتا۔

ایک اُداس سے دن رحمت خالہ نے چھالیہ کاٹتے ہوئے اُسے بتایا کہ انجم کی چھٹیاں ختم ہو چکی ہیں اور وہ دو ایک دن میں علی گڑھ کے لئے روانہ ہو جائے گا دن اور اُداس ہو گیا، سنہری دھوپ چپکے چپکے دیواروں کے آخری سروں پر پہونچ گئی اور آنگن میں دم جھٹک جھٹک کے شور مچانے والی چڑیا خاموشی سے چونچ نیوڑا کر اپنا ایک ایک پر صاف کرنے لگی۔ سامنے منڈیر پر بیٹھا ہوا کوا سر اُٹھا اٹھا کے اپنے ساتھی کو پکارنے لگا۔ سارا ماحول ایک بے نام سی اُداسی کی آغوش میں اونگھنے لگا۔

"کیا واقعی انجم کو عورت سے نفرت ہے؟ اس نے سنجیدگی سے سوچا۔ وہ جب کبھی انجم کے ذہن سے اس زہریلے خیال کو نکال پھینکنے کی شعوری کوشش کرتی تو انجم اپنے ہونٹوں پر طنز بھری تلخ مسکراہٹ لئے چپ چاپ بیٹھا رہتا جیسے اس کا ساری بکواس کا جواب بس یہی مسکراہٹ ہے۔! اور وہ تھک کر بیزار کن نظر سے آس پاس پڑی ہوئی چیزوں کا جائزہ لینے لگتی۔

"پتہ نہیں، آپ بیٹھے ایک ہی رخ کیوں گھورا کرتے ہیں۔"

"وہی رخ میرے سامنے ہمیشہ آیا ہے۔"

"عجیب بات ہے۔"

"جی ہاں۔"

اور یوں وہ ہمیشہ دامن چھڑا کے بھاگتا۔۔۔

اس کو بھی ضد ہو گئی تھی۔ یہ مدت سے انجم کے ذہن میں ایک ہی کروٹ پر لیٹا ہوا اعتقاد کروٹ بھی تو بدل سکتا ہے۔۔۔ اور وہ ہر ممکن طریقہ پر اُسے گدگدائے جاتی۔۔۔ کوئی بات تو ہو گی ہی جو وہ یوں عورت کی ساری مہربانیوں سے منکر ہو بیٹھا۔ اس کی زندگی میں کوئی نفسیاتی موڑ ایسا ضرور آیا ہو گا جہاں پہونچ کر، اس نے اس نفرت کا صحیح جواز ڈھونڈ نکالا ہو۔ کون جانے ان ڈھیر سے جذبات کے پیچھے کوئی ان کہی بات ڈھکی چھپی پڑی ہو۔۔۔ انجم جاتے ہوئے اس سے ملنے آیا تو بولا مجھے خوشی ہے کہ میری چھٹیاں آپ کی بدولت اچھی گذر گئیں۔ وہاں تو ایک بھی بے تکلف دوست نہیں ہے میرا۔۔۔ میں آپ کو ایک اچھے دوست کی حیثیت سے یاد رکھوں گا۔

"بس۔۔۔؟" اس نے جیسے اپنے آپ سے پوچھا۔ اُس کا دل دھک سے رہ گیا۔

اکثر اپنے کمرے کا دروازہ بند کئے وہ ساری دنیا کے سیاسی، سماجی و معاشی مسائل پر سر دھنا کرتی۔ اخبار میں صرف فلمی اشتہارات، اغواء مار دھاڑ و قتل کی دہشتناک خبریں پڑھنے والی اب سیاست کی نبض ٹٹولنے چلی تھی۔۔۔

ایک بار جب اس کا جی مسلسل پڑھنے لکھنے سے اُکتا گیا تو اس نے سارا کمرہ اُلٹ پلٹ کے رکھ دیا۔ بے ترتیب کپڑے الماری میں سلیقہ سے تیار رکھے تھے الماری کی جگہ پلنگ نے لے لی۔ پلنگ کی جگہ لکھنے کی میز آ گئی۔ الماری ایک نمایاں کونے میں رکھ گئی۔ فرش دھویا گیا۔ گلدانوں کے مرجھائے ہوئے پھول تازہ ٹہنیوں میں تبدیل ہو گئے۔

اس کی جان سے زیادہ عزیز کتابیں نئی نویلی دلہنوں کی طرح بک شیلف میں سجائی گئیں۔۔۔ اِس اُٹھا دھری میں بھی اس کا جی نہ لگا تو وہ رحمت خالہ سے ملنے چلی گئی۔

رحمت خالہ اس کی وحشتوں سے بے خبر آمدنی کے محدود ذرائع گرانی کی زبردست

ہولنا کی اور اس کے باوجود اپنی سلیقہ شعاری اور پرانی روایات پر چل کے اپنے باپ دادا کا نام روشن کرنے کی سعادت پر اس کو دیر تک لکچر پلاتی رہیں اور وہ انتہائی بیزاری سے صبر و شکر کیئے بیٹھی ہوں۔ہاں کرتی رہی۔باتوں باتوں میں اس نے انجم کے ماضی کو تجس کے تیز ناخن سے کریدا۔

"رحمت خالہ! یہ آپ کے انجم ہیں نا۔۔۔ بھئی مجھے وہ عجیب سے لگتے ہیں ضدی اور ہٹیلے۔ مگر ضدی آدمیوں کی آنکھوں میں چمک ہوتی ہے تیز تیز نظر ہوتی ہے مگر مجھے تو ان کی آنکھوں میں بڑی اُداسی نظر آتی ہے۔"

"یہ اپنا انجم۔۔۔؟"رحمت خالہ نے اپنی بے رونق آنکھیں پھیلا کے پوچھا"اپنا؟" وہ یہ کیسے کہہ سکتی ہے۔۔۔!

یہ لوتم کو پتہ نہیں؟ دل کا درد تو آنکھوں ہی میں اُمڈ آتا ہے اتنی ذراسی جان تھی اس کی کہ ماں کو زچگی کی بیماری نے کھالیا۔ دادی نے گود لیا۔ اپنی جان تج تج کر اس کی پرورش کی اور سہرا دیکھنے کی آرزو اپنے ساتھ کفن میں باندھ کرلے گئیں۔ ایک بہن تھی سو اللہ کو پیاری ہوگئی۔ باپ کو کبھی بیٹے کے اچھے برے سے مطلب نہ رہا۔ موئے سوتیلے بچوں سے کیا کوئی ایسا برتاؤ کرے گا جو انھوں نے اس بے ماں کے بچے کے ساتھ کیا۔ وہ تو اللہ پاک کا صدقہ تھا کہ انجم پڑھ لکھ گیا اور چچا کے دل میں اس نے رحم ڈال دیا ورنہ پرائی آگ میں ، کون پھاندتا ہے مگر قسمت کا ہمیشہ ہی کھوٹا ہے۔ بڑی آپا کی لڑکی سے نسبت تھی نسبت تھی۔ سنا تھا کہ انجم کو بھی لڑکی جی جان سے پسند ہے خدا کی کرنی دیکھو، اس وقت انجم بیچارا پڑھتا تھا اور بڑی آپا کے لئے لڑکی کا بوجھ سنبھالے نہ سنبھلتا تھا۔ یوں بھی بیوہ عورت پر ہر کس وناکس انگلی اُٹھاتا ہے۔ اوپر سے جوان لڑکی کا گھر بٹھانا۔۔۔ آپا بھی بھڑوں کے چھتے میں گھر گئیں۔۔۔ جتنے منہ اتنی باتیں تھیں۔۔۔ لڑکی ذات تو نگوڑی ترائی کی بیل ہے

اُگی نہیں کہ منڈ دے چڑھی۔

رحمت خالہ دم لینے کو رک گئیں اور بار بار بٹوہ کی تہہ میں دو چار گرے پڑے چھالیہ کے ٹکڑے ٹٹولنے لگیں۔۔۔ اور وہ آرام کرسی پر بے سدھ پڑی ہی دماغ میں ہزاروں خیال ایک دوسرے سے دست و گریباں تھے اور اس مسلسل دھما چوکڑی میں اس کے جسم کے سارے اعضاء تھکن سے چور، چور، اس سے بے تعلق پڑے رہے۔ بھلا چار سال کون اس بوجھ کو ڈھوتا پھرے۔۔۔ حسن مرزا وکیل کا لڑکا ولایت سے بیرسٹر ہو کے آیا تو چٹ منگنی پٹ بیاہ ہو گیا۔۔۔ آج لڑکی سونے چاندی میں کھیلتی ہے اور انجم میاں ایسے سر پھرے ہیں آج تک کسی لڑکی کے لئے حامی نہ بھری۔۔۔ اُن کے لئے کمبخت عورت بس کی پڑیا ہو گئی کہ نام لیا اور موت کا سناٹا طاری۔

"ہوں"۔۔۔ اس نے جیسے سارے جسم کی بچی کھچی طاقت اکٹھی کرے کہنا چاہا مگر نہ کہہ سکی۔

"اب یہ حال ہے کہ گھر میں کوئی دیکھ بھال کرنے والا نہیں ہے، نہ اچھے برے، یہ ٹوکنے والا۔ بے ناتی کا بیل بنا شہر شہر گھومتا ہے۔ وہ تو کہو اب نوکری کی بیڑی پیر میں پڑھی ہے۔ میں تو کہتی ہوں بی بی۔۔۔ جس گھر میں عورت نہیں ہوتی وہ گھر میں گھانس پھونس ہوتا ہے۔ ذرا سی چنگاری پڑی اور بھک سے اُڑ گیا۔

اور دور کہیں اس کے لاشعور میں اس کا ننھا منا پیارا گھر رحمت خالہ کی باتوں کی چنگاریاں لے اُڑیں۔۔۔ تنکا تنکا بکھر گیا۔

آخر اُس نے انجم کی زندگی کے نفسیاتی موڑ پر پہونچ کر ڈھکے چھپے راز کو ڈھونڈ نکالا جہاں انجم کی زندگی عورت کی محبت، شفقت اور قربانیوں سے محروم ہو گئی تھی جہاں یہ سب پیاری چیزیں اس کی دسترس سے دور تھیں۔ ادر یہ دوری نفرت بن کے اُبھری تھی

جب ہم خوشیوں سے محروم ہو جاتے ہیں تو ہنستے ہوئے لوگ کس قدر کمینے لگتے ہیں! بعید از قیاس چیزیں تخیلی ہو کے رہ جاتی ہیں اور جو کچھ اپنی زندگی میں ہوتا ہے وہی حقیقت کا احساس دلاتا ہے۔ کہتے ہیں اس دنیا کے بعد بھی ایک اور دنیا ہے مگر کس کو یقین آتا ہے کہ اللہ سچ مچ اتنا مہربان ہے کہ زندگی بھر دُکھی انسانوں کو تڑپاتا ہے، ترساتا ہے۔۔۔ ہنستے کھیلتے چہرے دکھا دکھا کے بدلے لیتا ہے اور مانگے سے موت نہ دینے والا۔ بغیر مانگے موتی کے محل، شہد، دودھ کی نہریں اور خوبصورت شفیق حوریں دے گا۔۔۔ کون یقین کرے گا۔

دوسروں کو خوشیاں بانٹنے والا اور اپنے حصہ میں دکھ درد رکھ لینے کی عورت کی ازلی خواہش، اُس میں شدت سی جاگنے لگی۔

انجم نے کہا تھا وہاں، اس کا کوئی بے تکلف دوست نہیں۔۔۔ کاش وہ اس کے پاس پہونچ جائے، اس کے خشک کورے بالوں میں اپنی ننھی منی نرم ہتھیلیوں سے خالص چنبیلی کے تیل کی مالش کرے اور جب بالوں میں گھومتی نرم و نازک انگلیوں کی سرسراہٹ اس کو نیند کی آغوش میں پھینک دے تو وہ اس کے چوڑے ماتھے سے بالوں کے گچھے سمیٹ لے۔ میز پر بے ترتیبی سے بکھری ہوئی کتابوں کو بک شیلف میں سلیقے کے ساتھ سجادے اور کھڑکیوں میں بڑے بڑے گلدانوں میں اس کے ہاتھوں سجائی ہوئیا گلاب کی ٹہنیاں صبح تک سر اُٹھائے کھڑی رہیں۔۔۔

رات دیر گئے تک وہ جاگتی رہتی۔۔۔ برابر کے کمرے میں امی اور ابّا کے بوڑھے چونچلے نیند کی خُر خُر میں تبدیل ہو جاتے۔ برآمدے میں لگا ہوا زیرد نمبر کا بلب اپنی زرد اداس روشنی بکھیرنے لگتا۔ اور ہوا کے جھونکے کھڑکیوں سے پھڑ پھڑاتے چمگادڑوں کی طرح کمروں میں گھومتے پھرتے اور وہ پلکوں پر زندگی کے ادھورے خواب لئے لحاف میں

گھس جاتی۔

خواب دیکھتے رہنے میں کتنی لذت ملتی ہے۔ زندگی کی ساری ناکامیوں و نامُرادیوں کا مداوا اُلٹے سیدھے خواب ہیں جن کی صحیح تعبیریں ملنے کی امید زندگی میں رس گھولتی رہتی ہے۔

چائے ٹھنڈی ہوگئی بی بی "زہرہ بی اپنی ڈوبی آواز میں اطلاع دیتیں۔

مگر وہ سوئے جاتی۔ صبح ہی صبح سورج کی پہلی کرن کے ساتھ اس کی نرم و گرم ریشمی بالوں والی بلی کھڑکی سے کود کر سرہانے آ بیٹھتی اور مسلسل میاؤں میاؤں کئے جاتی۔ پھر چنبیلی کی گھنی بیلوں پر ایک ساتھ چڑیوں کا شور گونج اُٹھتا۔۔۔

اور کھانے کے کمرے میں دیر تک برتنوں کی پٹک جھٹک کے بعد زہرہ بی کی آواز اُبھرتی تو وہ جھنجلا کے اٹھ بیٹھتی۔

ہائے اللہ جیسے ساری کائنات کو اس کے رسیلے دلآدیز خوابوں سے چڑ سی ہو گئی ہے۔ آخر کوئی خواب پورا بھی ہو گا؟ مگر ہر بار کوئی نہ کوئی ادھورے خواب سے چونکا دیتا۔ وہ آنکھیں ملتی ہوئی تکیہ کے نیچے سے دوپٹہ نکال کے یونہی کاندھوں پر پھیلا لیتی اور ٹھنڈی چائے حلق میں انڈیل کر زہرہ بی کے ہاتھوں پیالی تھما دیتی تو زہرہ بی کی آنکھوں کا دبا ہوا درد اُسے جھنجوڑنے لگتا۔ زہرہ بی کے شوہر نے اس کی بے شمار مہربانیوں اور حد سے بڑھی ہوئی محبت سے تنگ آ کے کسی ایسی دیسی عورت کو گھر میں ڈال لیا تھا جو اپنی موٹی موٹی آنکھوں و سیاہ چہرے کے ساتھ زہرہ بی کی زندگی میں سیاہی گھولنے آئی تھی۔ اور تب سے زہرہ بی کی آواز سے ساری کھنک غائب ہو گئی تھی جب وہ باتیں کرتی تو یوں محسوس ہوتا جیسے دور کسی کھائی میں پڑا کوئی دھیرے دھیرے بڑبڑا رہا ہے۔ ہنس ہنس کے مذاق کرنے والی، گھر بھر میں بسورتی پھرتی۔ چولہے کی گیلی لکڑیاں زہرہ بی کے مسلسل پھونکنے پر بھی

دھواں دیئے جاتیں تو وہ بھکنی سے لکڑیوں پر زور زور سے ضربیں لگانے لگتیں۔ جھوٹے برتنوں سے چکنائی چھڑاتے ہوئے بار بار پٹک پٹک کے کڑ کڑانے لگتی۔ قالینوں، گلدانوں اور سیاہ خوبصورت دیوار گیریوں پر رکھی نازک مورتیوں سے تک وہ لڑتی جھگڑتی، پٹکتی اور چپکے چپکے گالیاں دیتی۔ آخر وہ اپنے سارے دکھوں کا بدلہ کس سے لے؟

اس نے سر اٹھایا تو زہرہ بی جاچکی تھی۔ خالی پیالی کے ساتھ

رحمت خالہ کے پاس انجم کے خطوط کبھی کبھار آ جاتے۔ ان میں اس نے پوچھا تھا "اس بڑی بڑی آنکھوں والی لڑکی کا کیا حال ہے؟ میرا سلام پہنچا دیجئے"۔ یہ سلام رحمت خالہ خاص طور پر آ کے پہنچا جاتیں۔ اور جواب میں وہ کہتی میرا بھی سلام لکھ دیجئے اور پوچھیئے کیا عورت سے نفرت آج تک قائم ہے؟ اور جانے اس نے کیا جواب لکھا کہ رحمت خالہ دیر تک بڑے دالان میں بیٹھی اس کی امی سے سر جوڑ کے پان چبا چبا کے باتیں کرتی رہیں اور اٹھتے اٹھتے "اے بہن یہ معاملہ تو چٹکی بجاتے میں طے ہو جانا چاہئے" کا خوبصورت مصرعہ گنگنا کر چلی گئیں۔

اس نے کھڑکی سے باہر دیکھا پام کے چوڑے چوڑے پتوں کی زبان سے پانی کے قطرے ٹپک رہے تھے اور گملوں میں نہ جانے کہاں سے ساری کی ساری کلیاں چٹک پڑی تھیں چنبیلی کی لچکیلی نازک ڈالیاں کھڑکی کے آگے سہرے کی لڑیوں کی طرح جھول رہی تھیں اور سامنے انار کی سوکھی ماری شاخوں پر دو چڑیاں بیٹھی ایک دوسرے کو ہلکے ہلکے ٹھونگ مار رہی تھیں۔

اس کی انجم سے والہانہ محبت نہ تھی۔ انجم اس کو پوجتا نہ تھا پھر بھی وہ اس کی طرف تیزی سے بڑھتی جا رہی تھی۔

ان گنت ناکامیوں کے منہ سے انجم کو کھینچ لینے اور ناامیدی کے گھور اندھیرے میں

دلاسہ دینے تپتے ہوئے صحرا میں نخلستان کتنی عظیم راحت ہے۔ وہ کیوں اس کو خوش دیکھنا چاہتی ہے؟ وہ کیا لگتا تھا اس کا کیا رشتہ ناطہ تھا جس کے سہارے وہ یوں بڑھ رہی تھی جیسے سرکس میں تار پر سنبھل سنبھل کے چلنے والی لڑکی سینے میں تیز دھڑکن اور ہونٹوں پر کانپتی مسکراہٹ لئے خطرناک تار پر احتیاط کے ساتھ مگر تیزی سے دوڑتی ہے۔

اور جب اس نے انجم کی زندگی میں ایک غمسار بیوی کا پہلا قدم رکھا تو خزاں رسیدہ سوکھی زرد پتیاں اس کے قدموں میں اڑنے لگیں۔ چنبیلی کی نرم لچکدار ٹہنیاں سوکھ گئیں اور بڑھتی ہوئی تاریکی میں آندھی کے جھونکوں سے لڑتا ہوا سنہری فانوس بڑے کمرے کی چھت سے لٹکا ڈولتا رہا۔ گھر کے پچھواڑے جیسے خبیث روحیں آپس میں لڑنے جھگڑنے لگیں۔ بالکل اس کے وحشی لڑاکو خیالوں کی طرح۔

وہ کہاں آگئی۔ وہ کہاں آگئی ہے۔ اس نے اپنے اطراف پھیلے ہوئے سناٹے سے بار بار پوچھا۔

انجم دفتر سے گھر آتا تو وہ دوڑ کر برآمدے میں جا کھڑی ہوتی۔ مسکرا کے خیر مقدم کرتی خود بڑھ کے سیاہ اونی کوٹ اتارنے میں مدد دیتی اور ریشمی آنچل سے ماتھے کا پسینہ پونچھنے کے لئے آگے بڑھتی تو وہ اس کا ہاتھ جھٹک دیتا۔

"یہ کیا؟، اس ساری کو گندہ کرو گی؟ ارے بھئی تولیہ کس لئے ہے آخر؟"

وہ اپنے ہاتھ سے چائے بنا کے لے آتی اس آس میں سامنے بیٹھی رہتی کہ وہ چائے ختم کر کے اس سے باتیں شروع کرے گا۔ دنیا جہاں کے قصے سنائے گا اور وہ بحث مباحثہ کے موڈ کو ختم کر کے اس کے ہاں میں ہاں ملائے گی۔ خوب قہقہے لگائے گی۔ دن بھر کے کام کاج کی تھکن اتارنے میں یہ قہقہے کس قدر مددگار ثابت ہوتے ہیں۔

مگر وہ چائے پیتے ہی تازہ اخبار لے کر بیٹھ جاتا اور گھنٹوں اس میں گم رہتا اس کو وہ دن

بھی یاد آتے جب وہ اور اس کا بھائی رات کے کھانے پر نئے نئے دلچسپ موضوع لے کے بیٹھ جاتے اور امی کو ہمیشہ شکایت رہتی کہ وہ اپنی پسندیدہ چیزیں کم کھاتے ہیں اور باتیں زیادہ کرتے مگر دیر تک دلچسپ بحثیں ہوا کرتیں کھانے کے بعد کسی مشاعرہ میں شرکت ضروری ہے تو تاش کی محفل لازمی ہے، کبھی شعر وادب کی نئی قدریں پر کھی جاتیں تو کبھی ترقی پسند ادب کی بنیادیں تک ٹٹولی جاتیں۔ مگر یہاں تو بس۔

انجم کھانے کی میز پر آتا تو وہ کوئی ہلکا پھلکا موضوع اٹھالیتی۔ عادت جو فطرت بن چکی تھی۔ وہ کچھ ہی کہتی رہتی۔ انجم چپ چاپ نوالے اٹھایا کرتا اور ہوں، ہاں کئے جاتا۔ وہ عاجز آکے چپ ہو جاتی۔

کھانے کے بعد وہ ٹہلنے نکل جاتا اور بھولے سے بھی اس کو ساتھ چلنے کے لئے نہ کہتا اور وہ چاندنی راتوں مین دیر تک برآمدے میں اکیلی بیٹھی نیم کے پیچھے دھیرے دھیرے ابھرنے والے چاند کے سینے پر دہکتے ہوئے داغوں کو گھورا کرتی۔

وہ انجم کی ذرا ذرا سی ضرورتوں کا خیال رکھتی۔ صبح سویرے اس کے کپڑے نکال کر ہینگر پر ڈانگ دیتی۔ اس کے جوتوں پر اپنے ہاتھ سے پالش کرتی۔ اس کی کنجیاں، پن اور پرس کوٹ کی جیب میں احتیاط سے ڈال دیتی جیسے وہ بھی کوئی ننھا منا بچہ ہے جو اپنی چیزیں بھول جائے گا۔ رات کو اس کا پلنگ خود ٹھیک کرتی۔ چادر میلی تو نہیں ہے۔ تکئے ٹھیک رکھے ہیں یا نہیں؟ اور ہر رات اس کے دل میں چھوٹی سی آرزو گنگناتی۔ ابھی ابھی انجم آئے گا۔ اس کا ہاتھ پکڑ کے اپنے سامنے زبردستی بٹھائے گا اور اس کی نرم گلابی ہتھیلی چوم کر کہے گا۔

تم کتنی اچھی ہو۔ تمہارے ان نرم و نازک ہاتھوں نے مری زندگی کے بکھرے ہوئے نظام کو کتنے سلیقے سے ترتیب دیا ہے۔ مری خزاں کی اداس شام کی طرح ویران

زندگی میں بہار کا گیت بن کر لہرا گئیں تم ۔۔۔ تم نے مجھے پھر زندگی کی رنگینیوں میں شامل کر دیا۔ تم واقعی دوسرا رخ ہو۔ شفیق۔ مہربان اور چاہنے والی۔ تم نہ ہوتیں تو ۔۔۔ تو ۔۔۔

مگر انجم آتا تو بغیر کچھ کہے سنے پلنگ پر گر جاتا۔ وہ ساتھ والے پلنگ پر گر جاتا۔ وہ ساتھ والے پلنگ پر لیٹنے سے پہلے اس کے بالوں میں دیر تک انگلیاں پھیرتی رہتی کچھ پوچھتی بھی تو وہ سر اٹھا کے جواب دیتا" بہت تھک گیا ہوں "۔ اب صبح باتیں ہوں گی۔

اس پر اوس پڑ جاتی۔ کتنا بے جان ہے یہ۔ بالکل پتھر!

پتھر سے تراشے ہوئے ایک انسان کے ساتھ رہتے رہتے وہ خود بھی پتھریلی ہوتی جا رہی تھی۔ سوچنے، سمجھنے، ہنسنے رونے۔ خوش ہونے اور غم کرنے کے سارے احساسات و جذبات مردہ ہوتے جا رہے تھے۔

کبھی کبھی رات گئے کسی کے سخت، کھردرے ہاتھ بغیر کسی تمہید کے بے دردی و بے رحمی کے ساتھ اس کو جھنجھوڑنے لگتے تو وہ تیز و تند جنسی جذبے کی اس حیوانیت پر کراہ اٹھتی۔ مضبوط بازو پر سر رکھے میٹھی میٹھی باتیں کرنے کی آرزو دم توڑ دیتی اور وہ اس قدر قریب ہوتے ہوئے بھی اپنے آپ کو اس سے بہت دور محسوس کرتی۔

بس وہ بیوی ہے، محبوبہ نہیں۔ صرف بیوی جو شوہر کے جا و بیجا حکم پر سر جھکاتی آئی ہے۔ وہ اس کا مجازی خدا ہے۔ ہائے ری عورت جانے کون کون سے خدا تجھ پر حکومت کریں گے۔ خداؤں کے قہر اور ظلم سے بچنے کا بس ایک ہی راستہ۔ پوجا کئے جا۔ ہاتھ جوڑے، آنکھیں بند کئے مرادیں مانگے جا، خدا تو جو کرتا ہے، اچھے کے لئے کرتا ہے۔

اور صبح تک اس کے اندر کوئی سسک سسک کر کروٹیں بدلتا رہتا ہے۔ اس نے ایک اچھے پجاری کی طرح اپنا سب کچھ ایک پتھر پر نثار کر ڈالا۔

دھوپ نیچے اتر آئی تھی۔ کھڑکیوں کے پردے سنہرے ہو گئے تھے اور گلاب کی ٹہنیاں سر جھکائے اپنی کسی غلطی پر شرمندہ تھیں اور سارے بھولے بھٹکے پنچھی اپنا گھر ڈھونڈ رہے تھے۔ اس کا شوہر اخبار پڑھتے پڑھتے کرسی ہی پر سو گیا تھا۔ اس کے سینے میں اٹھتے ہوئے خوفناک جھکڑ سے بے خبر۔ بادلوں کے برف کی طرح سفید محلوں پر سنہری کرنیں چمک رہی تھیں۔ شاید وہاں بھی کوئی پتھر کا شہزادہ سویا پڑا ہو اور دور دیس کی شہزادی اس پر جادو کے چشمے کا سنہرا پانی چھڑک کر گوشت پوست میں ڈھالنے آئی ہو۔ پھولوں کی خوبصورتی، چشموں کی روانی، چاندی کی طرح پگھلتی ہوئی چاندنی رنگ و نور کا احساس دلانے آئی ہو۔ پتھر پر بہار کی پہلی کونپل کی طرح سر اٹھانا چاہتی ہو۔

مگر اے شہزادی! تم انتظار کرتی رہو گی۔ یونہی پریشان، بولائی بولائی سی۔ بادلوں کے خوبصورت ستونوں والے محلوں میں دکھ درد کے عوض سکھ بانٹنے کی تمنا لئے گھومتی رہو گی۔ تم یونہی تڑپتی رہو گی۔ یونہی اپنے جذبات کا گلہ اپنے ہاتھوں گھونٹتی رہو گی، تم یونہی اپنے آپ کو فریب دیتے دیتے پتھر کی حسین مورتی میں تبدیل ہو جاؤ گی۔ بادلوں سے گرتے ہوئے چھم چھم تمہارے آنسو رک جائیں گے کیونکہ بہار کی پہلی کونپل تو پولی پولی مٹی میں دبے ہوئے بیج سے پھوٹتی ہے۔ پتھر کے سینے پر جنگلی خار دار جھاڑیاں اگتی بھی ہیں تو پتھر کی تپش پا کے سوکھ جاتی ہیں اور برسوں تک وہ سوکھی جھاڑیاں پتھر کا جزو بنی کھری رہتی ہیں اور آندھیاں ایک دن کہیں دور کی چنگاریاں اڑا لاتی ہیں اور جھاڑیوں میں آگ لگا جاتی ہیں۔

پتھر اور کونپل کا کیا ساتھ؟

(۴) دو ٹکے کی

زندگی کا سارا حسن کچے رنگ کی طرح چھوٹتا جا رہا تھا اور آندھی کے بیچ جلتے جلتے بھڑک اٹھنے والے چراغ کی طرح ندا کے دل میں بھی بار بار کوئی شعلہ سا لپکتا اور وہ بیٹھے بیٹھے سر اٹھا کے کھڑکی سے باہر دیکھنے کی کوشش کرنے لگتی مگر نیچے سڑک پر چلتے راہگیر سفید دھبوں جیسے دکھائی دیتے تو وہ سر جھکا کر پھر برتن مانجھنے لگتی اور ان ساری گتھیوں کو دل ہی دل میں سلجھانے لگتی جن میں اس کی ساری زندگی الجھی پڑی تھی مگر لاکھ کوشش کرنے کے باوجود بھی وہ اس تانے بانے کا کوئی سرا تلاش نہ کر پاتی۔

اس نے لبالب بھری ہوئی آنکھوں کو زور سے میچ لیا۔ گرم گرم آنسوؤں کے قطرے سامنے پڑی ہوئی تھال پر گر پڑے۔

وہ سارے احساسات جو اس کے ساتھ ساتھ پروان چڑھتے تھے اور جن کو وہ ہمیشہ مار کوٹ کے ذہن کے کسی تاریک کونے میں پھینک دیتی تھی۔ کبھی کبھی کسی شدید ضرب سے تلملا کر شریر بچوں کی طرح اودھم مچانے لگتے تو وہ سہم جاتی۔ اس کی حالت بالکل اس ماں جیسی ہوتی جو اپنے بچوں کو بچپن میں خوب مارتی ہے۔ گالی گلوج کرتی ہے اور طرح طرح ڈراتی دھمکاتی ہے مگر بچوں کی جوانی میں بے بس ہو کے زندگی کے کنارے پڑ رہتی ہے۔

یہ کیسے ہو سکتا ہے کہ چوٹ لگے پر درد نہ ہو۔ یہ اور بات ہے کہ اس نے اپنی طبیعت کو بالکل سیال کی خاصیت میں تبدیل کر دیا تھا۔ جدھر چاہو، بہادر، جہاں چاہے موڑ لو۔ یہی

چیز تھی کہ ہزار کوسے گالیوں کے باوجود سب اپنی جگہ سمجھتے تھے کہ ندا کے بغیر کوئی کام خوبی کے ساتھ انجام نہیں پاسکتا۔

یہ روز صبح دیوڑھی کا مردانہ حصہ جھاڑنا پونچھنا، گلدانوں میں تازہ پھولوں کی ٹہنیاں سجانا۔ قالینوں پر برش کرنا اور بڑی سی کپڑے کی جھٹکنی لے کر گھنٹوں سنگ مرمر کے اسٹیچو، پتیلی مورتیاں، قد آدم آئنوں اور مخملی صوفوں کی گرد جھاڑنا، بڑی صاحبزادی کے چڑ چڑے بد مزاج بچوں کو گود میں لادے رہنا اور دوڑ دوڑ کے دن بھر میں بیسیوں بار مردانہ حصہ میں ہر ایرے غیر کو چائے پہنچانا اور جھک جھک کے تسلیمات بجالانا۔ ہر جا و بیجا حکم پر سر جھکا دینا اور سرکار سے لے کر دیوڑھی کے بھیڑیئے نما کتوں سے تک گفتگو کے سارے آداب کا لحاظ رکھنا اور پھر راتوں کو جاگ جاگ کر بڑی صاحبزادی کے بے شمار بچوں کو دودھ پلانے اور پیشاب کرنے تک کی ذمہ داریاں اور فرائض اس پر عائد ہوتے تھے۔

اور وہ صبح سویرے بڑے صبر کے ساتھ مسکرا کے ان حسین مجسموں کو دیکھتی جو ایک ہی انداز میں کھڑے کھڑے تھک گئے تھے۔ برسوں سے ایک ہی جگہ تکتے تکتے ان کی آنکھیں بے نور ہو گئی تھیں۔

دروازے کے قریب بیٹھا ہوا بڈھا کسی گہری سوچ میں ڈوبا رہتا، پیشانی کی موٹی موٹی ابھری ہوئی رگیں اور آنکھوں کے اطراف پڑی ہوئی باریک باریک جھریوں میں ساری زندگی کے تلخ تجربے سمٹ آئے تھے۔

آئینے کے سامنے کھڑی ہوئی جوان لڑکی اپنے برہنہ بدن کی ساری رعنائیوں کو اک ذرا سے دوشالے میں چھپانے کی ناکام کوشش کر رہی تھی۔ اس کی جھکی ہوئی پلکیں اور ترشے ہوئے ہونٹ جن پر ندا بڑی احتیاط سے اپنی انگلیاں رکھ دیتی۔ چھپالو۔ اپنے

سارے بدن کو ان ذلیل نگاہوں کی زد سے جن کے تیر راست تمہاری سمت پھینکے جا رہے ہیں۔ اور تم اس وقت کتنی مجبور ہو، کتنی سہمی ہوئی کھڑی ہو۔

ندا کو وہ لڑکی بہت پسند تھی جس کو پیتل کی دھات میں منجمد کر دیا گیا تھا جو اپنے محبوب کے گلے میں باہیں ڈالے اسے ٹکر ٹکر دیکھے جا رہی تھی اس کے پیار میں بڑی گمبھیر تا تھی۔ وہ ڈرائینگ روم میں آنے جانے والوں کی پرواہ کئے بغیر اپنے سپنوں میں کھوئی کھڑی تھی۔ پیشانی پر جھلکتا عزم اور مضبوطی سے بھینچے ہوئے ہونٹ اس کے تابناک مستقبل کے گواہ تھے کتنی نڈر ہے یہ لڑکی۔ ندا سوچتی کونے میں کھڑی بھکارن تو اب تک آنکھیں اٹھائے دروازے کو تکے جا رہی تھی۔ چہرہ پر زمانہ بھر کا کرب لئے ایک ہاتھ سے بوسیدہ آنچل پکڑے، جانے کس کے انتظار میں برسوں سے کھڑی تھی۔

کیا اب بھی اس کو یہ امید ہے کہ کوئی اچانک تاریکیوں میں اجالا گھولنے آئے گا؟ اس کو ماضی کے سارے دردناک خوابوں کی سنہری تعبیریں سونپ دے گا۔ آخر ایک صاف ستھری خوبصورت زندگی کی ضمانت دینے آئے گا۔ کیا اب بھی جیسے وہ ان سارے بے زبان مجسموں کی زبان سمجھتی تھی۔ ان سے چپکے چپکے اپنا دکھ درد بیان کرتی، ان کے دکھوں کو سمجھتی اور ایسے میں چھوٹی صاحبزادی حلق کی پوری طاقت کے ساتھ چلاتیں تو وہ جھٹکنی پھینک کے باہر یوں لپکتی جیسے سندباد والی موت کی وادی سے اس کا نام پکارا گیا ہو۔

یوں ہر اشارے پر ناچتے ناچتے جیسے وہ بھی تھک گئی تھی اور بے اختیار اس کا جی چاہتا وہ بھی جا کے ان مجسموں کے درمیان کھڑی ہو جائے اور برسوں تک یوں ہی ایک ہی زاویئے سے کھڑی رہے اور کوئی بڑے چاؤ سے اس پڑی ہوئی گرد جھاڑنے آئے۔

جیسے شاعر اپنی نئی غزل کسی کو سنانے کیلئے سرگرداں پھرتا ہے یوں ہی چھوٹی صاحبزادی اپنے نئے رومان کو ندا پر آشکارا کرنے کیلئے انتہائی بے چینی سے دیوڑھی کے

کونے کونے میں اس کو جھانکتی پھرتیں اور جب ندا سدب کچھ سن کر حیرت زدہ سی پلکیں جھپکایا کرتی تو قہقہہ مار کے اس سے لپٹ جاتیں۔ تھوڑی سی دیر کو تاریکی اور روشنی کا فرق مٹ جاتا۔ اونچائی پستیوں میں آ کے ایک سطح پر نظر آتی ندا باہر آتی تو ٹافی کا ٹکڑا چبا چبا کر مسئلہ کے ہر پہلو کو ذہن سے جھٹک دیتی۔

بڑی صاحبزادی کی زبان سارا دن کڑک مرغی کی طرح کٹ کٹ کئے جاتی۔ بات بات میں ندا کو کوسنا اور گالیاں دینا تو ان کا محبوب مشغلہ تھا۔ بچوں کو گھڑکنا اور مار پیٹ، بچوں کی چیخ پکار، آنسو اور سسکیاں یہ سب زندگی کو بیزار کن بنا کے ڈیوڑھی میں قید کر دیتے۔

بچے دن بھر باورچی خانے میں گھسے ماماؤں کی زبانی شوہروں کی مار پیٹ لڑکیوں کے اغواء کی کہانیاں اور جدید ترین گالیاں سن سن کے خوش ہوا کرتے اور چھوکریوں کی کنواری گودوں میں شفقت و محبت کی گرمی، تلاش کرتے، ہائے اللہ، ڈیوڑھیوں کے بچے بھی۔ کوئی بچے ہیں ماں باپ کے ہوتے چہرے پر یتیمی برستی ہے۔ آیاؤں اور ماماؤں سے چمٹے بچپن گذر جاتا ہے۔ بوا جھریوں بھرا دے سے ستا ہوا اٹھا کے زیر لب بڑبڑاتیں۔

کریں بھی کیا، شمبھو بوا کے بٹوہ سے زردہ، ہتھیلی پر نکال کر اپنی رائے کا اظہار کرتا۔ باپ کو باہر کی ہو ہپ میں چھٹی نہیں ملتی۔ ماں چھوٹے سرکار کی کرتوتوں سے بیزار ہر وقت بیٹھی کڑھا کرتی ہیں اور بیگم صاحبہ کو تو ہر وقت گردوں کا درد اور دل کی کمزوری کھائے جاتی ہے۔ جب ماں باپ کا یہ عالم ہے تو آخر ان بچوں کی دیکھ بھال کوئی کہاں تک کرتا پھرے۔

ذرا سی آہٹ پا کے انگلی ہونٹوں پہ رکھ کے بوا چپ ہونے کا اشارہ کرتیں اور شمبھو جلدی جلدی اپنی ٹوپی ٹھیک کر کے سینے پر ہاتھ باندلیتا۔

ندا جب سے یہاں آئی تھی روز یہی ڈرامے دیکھا کرتی۔ ان پانچ برسوں میں اس کو ساری ڈھکی چھپی باتیں سمجھنے کا شعور آگیا تھا۔ کسی کی زبان سے نکلا ہوا ایک جملہ سارا دل کھول کے اس کے سامنے رکھ دیتا۔ مگر وہ سب کچھ سمجھ کے انجان بنی یوں گذر جاتی جیسے منہ کے بوندوں سے بھرے بادل بنا برسے سرکتے چلے جاتے ہیں۔

دیہات میں ایک بار چچی کے ساتھ وہ کٹھ پتلیوں کا تماشہ دیکھنے گئی تھی کپڑے کی دھجیوں سے بنی بے جان پتلیاں سارے کام کرتی تھیں اور لوگ کہتے تھے مچان پر بیٹھا ناٹک کا مالک ان ساری پتلیوں کے ہاتھ پاؤں اور سر میں بندھے دھاگے اپنے ہاتھ میں لئے نچایا کرتا ہے اور کیا مجال ہے کہ یہ پتلیاں اپنی من مانی کر جائیں۔ بس چھوٹے سرکار بھی اس کو ناٹک کے مالک ہی دکھائی دیتے تھے جن کی مٹھی میں دیوڑھی کے رہنے والوں کے دھاگے دبے ہوئے تھے اور یہ سارے لوگ ان کے اشاروں سے چلتے پھرتے تھے۔

روز کی دانتا کل کل سے بیزار وہ باغ میں نیم تلے بیٹھ کے آس پاس پھدکتی ہوئی چڑیوں میں گم ہو جاتی۔ ننھا منا سبز ٹڈا گھانس کی لمبی لمبی پتیوں رپ اچکنے لگتا تو پتیوں پر ٹھہرے شبنم کے قطرے ٹپ ٹپ کر کے نیچے گر جاتے۔

اے ہے اللہ۔ یہ ذرا سا ٹڈا کتنا خوش ہے۔ بہار کی آمد کا پیغامبر وہ ذرا سا ٹڈا ندا کو اپنے سے کہیں اونچا دکھائی دیتا اور وہ اپنی چھوٹی چھوٹی بے شمار آرزوئیں پلکوں پر سمیٹے حسرت سے تکتی رہ جاتی۔

ندا اری او ندا۔ کہاں مر جاتی ہے نہ جانے "۔ بیگم صاحبہ کمر پر ہاتھ رکھے کراہ کراہ کے آوازیں دیتیں تو وہ اپنے آس پاس تعمیر کیا ہوا تخیلی جزیرہ چھوڑ کے پھر دیوڑھی کی سخت دیواروں کے درمیان آ کھڑی ہوتی۔ دیواریں، جن کے خوفناک جبڑے ہر لمحہ اس کو ڈرایا دھمکایا کرتے اور وہ سہم سہم کے ان اونچی اونچی دیواروں کو دیکھتی اور پھر اپنے

دھان پان جسم کو کہاں پہاڑ اور کہاں ان کے دامن میں اگا ہوا جنگلی پھول!

چھوٹی صاحبزادی تو اس کو ایسے میکروفون کی طرح استعمال کرتیں جو ان کے نئے نئے رومان نشر کر سکے اور پھر وہی پنچ اونچ کا فرق۔ وہی اجالے اندھیرے کا ہیر پھیر جن میں گھری پریشان سی وہ اتنی وسیع دیوڑھی میں گھوما کرتی۔

بیگم صاحبہ کے رات دن کے دکھ درد نے تو زندگی اجیرن کر رکھی تھی۔ دن بھر میں جتنی مرتبہ وہ دالان کے سامنے سے گذرتی۔ وہ جلدی سے ہاتھ کے اشارے سے ندا کو اپنے پاس بلاتیں اور آہستہ سے انتہائی راز داری کے ساتھ بڑی صاحبزادی اور ان کے بچوں کے بارے میں دیر تک کرید کرید کر پوچھا کرتیں۔

اچھا سچ بتا۔ ابھی ابھی جو بڑی صاحبزادی بڑبڑا رہی تھیں تو میرے بارے میں کیا کہتی تھیں؟

رات دولہا میاں پھر کوئی نئی عورت لائے تھے؟

اور ہاں ان موئے شیطان کے بچوں نے میرے حصہ کی بالائی بھی ناشتہ پر کھالی؟ ایں؟ دیکھ ندا جو کچھ پوچھوں صحیح جواب دو گی تو عید پر جالی کا کرتا اور اطلس کا پاجامہ بنوا دونگی۔"

اور ندا جالی کے کرتے و اطلس کے پاجامے کو بالکل ہی نظر انداز کر دیتی بھلا ادھر سے جب گذرو تب نئی خبروں کا تازہ بلیٹن تیار رکھو۔

یا پاک پروردگار۔ یا رسول اللہ۔ یا بی بی فاطمہ الزہرہ۔ اس چڑیل کو دفعان کیجیو۔ موئی سوتیلی اولاد سے نجات دلائیو۔ مری بچی کا حق مارے بیٹھے ہیں کمبخت۔

اور بیگم صاحبہ کو سوکھی آنکھیں بار بار پونچھتے دیکھ کے ندا کو ترس آجاتا۔ چچ۔ چچ۔ بیچاری نے کبھی اس شاندار گھر پر حکومت کی ہوگی اور اب دالان میں پڑی اچور کی طرح

سوکھی جاتی ہیں۔

بڑی صاحبزادی کے خوف سے کوئی دو وقت کھانا دینے کے علاوہ ان کے قریب نہ پھٹکتا۔ بس دو مامائیں ان کی تیمار داری اور دیکھ بھال کے لئے ہر وقت ان کے پاس ہوتیں جن کے سامنے وہ اپنے دل کے سارے راز اگل چکی تھیں اور اب تیسرا آدمی نہ ملتا تھا جس کے سامنے وہ اپنے دل کی بھڑاس نکال سکیں۔ چھوٹی صاحبزادی زیادہ تر اپنی بہن کا حکم مانتی تھیں اس لئے بھی کہ ان کے سامنے چوں وچرا کرکے یہ معنیٰ تھے کہ سارے ٹھاٹ باٹ ختم اور بس اماں جان کی طرح دالان میں پڑے پڑے کھاؤ۔ اور دیواروں سے سر پھوڑ پھوڑ کر مر جاؤ۔ نہ نئی نئی وضع قطع کے لباس پہننے کو ملتے اور نہ دوپٹوں وربنوں کے ڈھیر گھر آتے۔

بس صبح اور شام مزاج پرسی کر آتیں۔ گھڑی دو گھڑی کو ماں کی بڑی بڑی غلافی آنکھوں میں امید کی لو جھلملا جاتی۔

ان ساری گھریلو الجھنوں، نااتفاقیوں اور کدورتوں کی گندی کثیف اور بدبو دار فضا میں ندا کی سانس گھٹنے لگتی۔

اور جب رات رات بھر دولہے میاں، بڑی صاحبزادی کی سسکیوں کے بیچ گئے سوالوں کے جواب میں بے ڈھنگے پن سے گرجتے تو یوں لگتا جیسے دیوڑھی کے پچھواڑے ببول کے میدان میں کوئی مرئی ہاتھ بڑی بڑی چٹانیں لڑھکا رہا ہے۔ دھن دھن دھنا دھن۔ پھر ہلکی ہلکی سسکیوں اور دبی دبی چیخوں کا سلسلہ شروع ہو جاتا اور نہ چندن کی مسہری پر بڑی صاحبزادی دیر تک تڑپا کرتیں۔ کمرے کی فضا بوجھل ہو جاتی اور چھوٹے سرکار ایسے میں ندا کو پکارتے تو یوں لگتا جیسے کسی بیہودہ بچے نے آدھی رات کی خاموشی میں گھر کی دہلیز پر پٹاخہ کھینچ مارا ہو۔

ہائے تو کیا سچ مچ دولہا میاں بیوی پر ہاتھ بھی اٹھاتے ہیں۔

بیگم صاحبہ حیرت اور خوشی سے ملے جلے لہجے میں پوچھتیں اور مامائیں ان کے چہرے کی رونق دیکھ کے دنگ رہ جاتیں۔ شاید اب قبر میں لٹکائے پیر باہر کھینچ لیں۔

ندا سب کی راز دار تھی۔ وہ سارے جاندار جو ڈیوڑھی میں بستے تھے اپنا دکھ درد ندا کے آنچل میں ڈال کر مطمئن ہو جاتے اور ندا اپنے دل کی گہرائیوں میں ان کی حسرتوں اور تمناؤں کے تابوت جمع کرتی جاتی۔

ان ساری باتوں کے باوجود ندا اس گھر کی زر خیز لونڈی تھی۔ ذرا ذرا سے قصور پر کوسنے گالیاں، ڈانٹ پھٹکار کے ساتھ ساتھ کبھی کبھار کی مار دھاڑ نے ہر وقت کے آداب و لحاظ نے اس کو کمزور و کمتر بنا دیا تھا۔ وہ خزاں رسیدہ پتی کی طرح کانپتی رہتی۔ اس گھر کا تو حساب ہی نرالا ہے جانے کب زیرِ عتاب آ جائے۔ یوں بھی جب چھوٹے سرکار گالیاں دیتے ہوئے اس پر جھپٹتے تو وہ زخمی پرندے کی طرح ان کے ہاتھ آ جاتی۔

ایک گھر اس کے اپنے ذہن میں بھی محفوظ تھا۔ ایک چھوٹا سا گھر، صحن میں انگور کی بیلوں کا منڈوا اور پھولوں کی کیاریاں جن میں کھلے ہوئے رنگ برنگے نازک سے پھول جو ذرا سے ہوا کے جھونکے سے جھوم جائیں۔ ننھی منی رنگین کلیاں جو شرما شرما کے دھیرے دھیرے مسکرا پڑیں۔ اس گھر میں لڑائی جھگڑوں، مخالفتوں اور تلخیوں کی کہیں گنجائش نہ تھی۔ ایک شفو تھا جو اس کے پورے تصور پر انگور کی بیل کی طرح چھا گیا تھا۔ سوچتے سوچتے اس کی آنکھیں دھندلا جاتیں۔ اپنے ماضی کو سوچنے کیلئے اس کو کبھی ذہن پر زور ڈالنے کی ضرورت نہ پڑتی۔

وہ ننھی سی لڑکی جو کبھی کبھار پیار کا لفظ سن کر بسورنے لگتی اور دیر تک آنگن میں اوندھی پڑی سوندھی مٹی پر منہ رکھے سسکتی رہتی۔ ماں ذرا سی جان کو اپنے پیچھے دربدر کی

ٹھوکریں کھانے کو چھوڑ گئی تھی اور باپ پڑوس کی کسی لڑکی کے عشق میں ایسا لگن ہوا کہ کہیں دونوں کا پتہ نہ لگا۔ وہ ذرا سی لڑکی جو ہر شفقت و محبت سے محروم ہو کر رہ گئی تھی۔ جس کو سب نے معمولی کیڑے مکوڑے کی طرح بے حقیقت سمجھ کر نظر انداز کر دیا تھا۔

چچی دیہات سے ماں کے پُرسے کو آئی تو گھر کے برتنوں، کھاٹوں اور کپڑوں کے ساتھ اس کو بھی بغل میں دبا کے لئے گئی اور تب سے جیسے زندگی کی ساری چھوٹی بڑی خواہشیں اس سے الگ ہو گئی تھیں۔ جب ذرا ہوش آیا اور آنکھیں کھول کے دنیا کو دیکھنا چاہا تو کندھوں پر رکھے ہوئے جوئے کے بوجھ تلے دب کے کچھ یاد نہ رہا۔ دن بھر بیل کی طرح گردن جھکائے وہ کام کاج میں لگی رہتی۔ ذرا سا کام رہ جاتا چچی کی انجن کی سیٹی کی طرح تیز دلخراش آواز اس کے صبر کا دامن چیر کے رکھ دیتی۔

ارے کلموئی! یہ تو سوچ کہ گھورے پر پڑے ہوئے کیڑے کی طرح سسک سسک کر مر جاتی جو میں تجھے اٹھا نہ لاتی۔ اے لو جس نے پیدا کیا اُس باپ کو رحم نہ آیا۔ میں خیر چچی تھی۔ آج کل مصیبت میں کون کس کے آڑے آتا ہے۔ کیا میرے احسان کا یہی بدلا ہے۔ خود نہ کھایا، تجھے کھلایا، خود نہ پہنا تجھے پہنایا۔ یہی سوچا تھا کہ آگے چل کر کام آئے گی مگر توبہ ہے اللہ میری بھی عقل خراب ہوئی تھی۔"

ندا کے دل کو اچھی طرح خبر تھی کہ چچی اس کو کیا کھلاتی تھی اور کیا پہناتی تھی، اس کی ماں کے وہ سارے ریشمی کپڑے جو نہ جانے اچھے دنوں میں نانی نے بیٹی کے بیاہ میں دیئے تھے جن سے اس کی ماں کے شفیق بدن کی بو آتی تھی۔ چچی نے اپنی بیٹی کے جہیز میں رکھ دیئے تھے جن کپڑوں کو وہ چچی کی غیر موجودگی میں سینے سے لگائے ماں کی نرمی اور پیار کو محسوس کرتی تھی۔ وہ بھی اس سے چھین لئے گئے تھے۔

دن بھر کے سارے کام کاج کو جلدی جلدی نپٹا کو جب وہ اوپر چھپر تلے بر آمدے میں آ کے لیٹ جاتی تو وہ سارے روندے ہوئے احساسات جاگ پڑتے جن کو دل کے تاریک گوشے میں دفن کر دینا وہ اپنا پہلا فرض سمجھتی تھی۔ فرصت پا کے دماغ میں ایک دم گھس پڑنے والے خیالات ایک دوسرے سے گتھم گتھا ہو جاتے اور وہ گھبرا کے اپنا منھ دوپٹہ میں چھپا لیتی۔ گھر میں اس بچے والی مرغی کی زیادہ اہمیت تھی جس کو صبح سویرے چچی اپنے ہاتھ سے دانہ ڈالتی اور برابر دیکھ ریکھ کرتی تھی۔

قدم قدم پر روک ٹوک اور احتساب کی کڑی بند شیں اس کا دم گھونٹنے لگتیں تو وہ دنیا جہاں کی تنہائیوں اور محرومیوں کا محور بنی گھومتی رہتی۔ پاس پڑوس کی لڑکیاں اس سے ملنے کی کوشش کرتیں تو چچی ڈانٹ بتاتی " چل اپنا کام کر یہ ہنسی، ٹھٹا کام نہیں آتا۔ جانے کہاں کی آوارہ لڑکیوں سے چھپ کے ملتی ہے۔ یہ لچھن میرے گھر نہیں چلیں گے۔ نوج ایسا بھی کوئی بے حیا ہو۔"

جانے کب سے اس کے ہونٹ ہنسی سے محروم ہو گئے تھے یہ گھر تو اس کا مقبرہ بن گیا ہے جہاں چچی کی بد روح اس کا پیچھا کرتی ہے جہاں اس کی کرخت آواز اس کے تعاقب میں کھڑکی، دروازہ دوڑتی پھرتی جہاں وہ پنچھی کی طرح پھڑ پھڑاتے دل کو سنبھالے گھومتی رہتی۔ ہر وقت سوچتے رہنے، کڑھنے اور رات رات بھر دوپٹہ میں منھ لپیٹے آنسو بہانے کے سوا اس کا اور کوئی شغل نہ تھا۔

اس سے کسی کی ذرا سی تکلیف نہ دیکھی جاتی۔ سارا دن دھوپ میں پر پھڑپھڑا کے اڑنے والا کبوتر جب اس کے بر آمدے کی دیوار پر آ جاتا تو وہ اپنی روٹی کے ٹکڑے وہیں بکھیرے کے بھوکی اٹھ جاتی۔ چڑیا نے ستون پر گھونسلہ بنایا تو ان دنوں پریشان سی بر آمدے کے دو چار چکر لگا آتی۔ کیا پتہ غریب کے انڈے کوئی آوارہ کوا لے اڑے۔ وہ

گھونسلہ کے قریب دانہ پانی رکھ دیتی اور جب چڑیا کے بچے نکلے تو وہ ان میں کھو گئی۔ جیسے یہ بچے اس کے اپنے بچے تھے چڑیاں اس کو قریب آتے دیکھ کے اب گھبرا کے نہیں اڑتی تھیں۔ وہ بیٹھی رہتی تو چڑیاں اس کے اطراف پھدکتی رہتیں اور ذرا سی دیر کر اس کے ہونٹ مسکراہٹ کے بار سے لرز اٹھتے۔

اور جب سامنے کے کچے مکان والا شفو چچی سے ملنے کے بہانے برابر آنے لگا اور چچی کی آنکھ بچا کے اس کی خیریت بھی پوچھنے لگا تو ندا نے اندھے کی لاٹھی کی طرح اس کی ہمدردیوں اور خلوص کا سہارا لینا چاہا۔ وہ رات چونک کے اٹھ بیٹھتی۔ اس نے خواب دیکھا۔ پہاڑ کے دامن میں دور تک ستاروں جیسے سفید پھول کھلے ہیں اور ندا تنہا کسی کو کھوج رہی ہے۔ بار بار پہاڑ کی چوٹی پر چڑھتی ہے پھر کوئی زبردست طاقت نیچے پھینک دیتی ہے۔ آسمان پر چاند کی جگہ شفو کا چہرہ دمک رہا ہے۔

شفو! نیچے آجاؤ شفو۔ میں تمہیں کہاں پاسکو گی۔ شفو شفو۔"

آنکھ کھلی تو چچی ہزاروں دوزخی فرشتوں کا قہر اپنے چہرے پر لئے کھڑی تھی اچھاری کٹنی۔ سات پردوں میں رہ کے یہ گل کھلایا۔ خدا غارت کرے اس گھڑی کو جب میں تجھے اپنے ساتھ لائی تھی۔ چچی کے کوسنوں اور دھموکوں نے اسے ادھ موا کر ڈالا۔

چچا نے اپنے قرضے کا بوجھ اتارنے اور اپنے گھر سے ندا کا منہ کالا کرنے کی کوشش شروع کر دی۔ بڑی محنتوں اور دوڑ دھوپ کا نتیجہ یہ نکلا کہ ندا کو شہر کی عالیشان ڈیوڑھی میں زرخرید لونڈی بن جانا پڑا۔

وہی حکم، وہی بندشیں، وہی کھانے کپڑے کا احسان اور وہی گالیوں اور کوسنوں کا انبار اپنے کندھوں پر اٹھائے وہ زندگی کے گندے پتھریلے، ناہموار راستے پر ڈگمگاتی بڑھتی جارہی تھی۔ فرق صرف یہ تھا کہ وہاں صرف ایک چچی تھی اور یہاں جیسے چچی نے جگہ

جگہ اپنے مجسمے نصب کروائے تھے اور جن کے منہ میں ٹیپ ریکارڈر کھے تھے جو سارا دن چچی کے بول دہرایا کرتے۔

جب کبھی چھوٹی صاحبزادی اس کو اخبار پڑھ کر سناتیں اور دنیا میں ہونے والے انقلابات کا ذکر آتا تو وہ سہمی ہوئی سی دل میں صاف مکر جاتی۔

"ہائے ہائے حکومت نے تو جاگیر داری ختم کرنے کی بات چلائی ہے۔ ایک دن انہوں نے اخبار سنایا۔

مگر اتنے سارے جاگیر دار آخر کریں گے کیا۔ تب ہی دولہا بھائی کھوئے کھوئے پھرتے ہیں۔ چھوٹی صاحبزادی جیسے اپنے آپ سے بولیں۔ پھر اس سے فکر مندانہ لہجہ میں کہا" دیکھ ندا بیگم صاحبہ سے نہ بتانا ورنہ ان کا تو ہارٹ فیل ہو جائے گا۔ وہ اپنا اکھڑا ہوا سانس ٹھیک کرنے لگیں۔

بہت دن سے وہ یہ ساری تبدیلیاں دیکھ رہی تھی مگر اس کی زندگی میں کوئی تبدیلی نہیں آتی تھی اور وہ عاجز آ کے سوچتی دنیا میں کوئی تبدیلی نہیں ہوئی ہے کوئی انقلاب نہیں آیا ہے۔ دنیا ایک ہی ڈگر پر چلی جارہی ہے کم از کم اس کو تو کوئی ایسی بات نظر نہیں آتی۔ شاید یہ دیوڑھیاں ہمیشہ اپنی اونچی اونچی دیواروں پر انقلابات کے حملوں کے سپر بن کے روکتی رہی ہیں اگر کوئی تبدیلی دھیرے دھیرے اندر رینگ آئی ہو تب بھی ندا اور وہ ساری زر خرید چھوکریاں جو مہمانوں کے ساتھ آتی جاتی تھیں اور جانے کتنی جو ایسے شاندار مقبروں میں اپنی زندگی کی لاش اٹھائے پر اسرار انداز میں پھرتی ہیں۔ اس تبدیلی سے بے خبر تھیں۔ ان سے کوئی کیوں نہیں پوچھتا کہ زندگی کا مقصد کیا ہے؟ گھر کیوں بنتے ہیں؟ گھر بسانے بیاہ کرنے اور ننھے منے خوبصورت بچوں کو لئے لئے گھومنے کی آرزو کیوں ازل سے جاندار اپنی جان سے لگائے رکھتے ہیں۔ یہ حسین سیریز یہ پھولدار

پردے، یہ رنگین گلدان، مخملیں قالین، انسانوں کی طرح جاندار لگنے والے مجسمے، اور برآمدے کے باہر کھڑی پھولوں کی قطار۔ یہ سب کیوں ہے۔ اپنی زندگی کو حسین تر بنانے کی آرزو کرنے والے ذہن اس حسن میں آگ لگا کے خوش بھی ہوسکتے ہیں۔ یہ بات کسی طرح اس کی سمجھ میں نہ آتی۔ وہ سارے صحیح جذبات جن کو الفاظ کی راہیں نہ ملتیں بس جو صرف سوچ جاسکتے تھے۔ محسوس کئے جاسکتے تھے مگر کوئی سننے والا نہ تھا۔ نہ الفاظ کے آبدار موتی اس کی مٹھی میں آپاتے۔ نہ یہ کہانی اندازِ بیان کی گرفت میں تھی۔

اے ہے بس یہی عمر تو ہے۔ مرنے کے بعد کہاں زندگی ملے گی۔ پھر چھوٹے سے گھر کی تمنا، شفو کے ساتھ مل بیٹھنے اور قہقہے لگانے کا ارمان کیسے پورا ہوگا۔ یہ چھوٹی سی زندگی بھی تو کانٹوں بھرا بستر ہے جس پر پڑے پڑے ساری زخمی آرزوئیں تڑپ تڑپ کے کراہتی ہیں۔ اندھیرے میں امید کی کرنیں ڈھونڈے جاؤ۔ شاید۔ شاید۔

مگر آج جب چھوٹے سرکار نے ایک ذرا سے گلدان ٹوٹ جانے پر اسے دو ٹکے کی باندی کا طعنہ دیا تو وہ تن کے کھڑی ہوگئی۔ کچھ دیر کو آنکھوں میں لپکنے والے شعلوں نے آتش فشاں کا خوفناک روپ دھار لیا اور دل سے اٹھا ہوا لاوا آنکھوں میں آنسو بن کر اتر آیا اور آج اس نے اپنے سارے احساسات کو کھلے بندوں لڑنے کیلئے چھوڑ دیا۔ آج اسے یقین آگیا تھا کہ دنیا میں واقعی انقلابات آئے ہیں۔ ہزاروں تبدیلیاں ہوئی ہیں اور یہ سب شاید اپنے ہی بپھرے ہوئے جذبات کا کرشمہ ہو۔

چھوٹی صاحبزادی نے اس کو سمجھانے کیلئے موٹی سی بات یہ بتائی تھی کہ بادشاہت جاگیرداری کی ماں ہے مگر چونکہ یہ ماں مرگئی ہے۔ اس لئے اب کوئی جاگیرداری کے لاڈ پیار سہنے والا نہیں ہے۔ اب کوئی گود میں کھلانے والا اور جا و بیجا نخرے اٹھانے والا نہیں رہا۔ بچے کی برائیوں کو ماں ہی برداشت کرتی ہے۔ پرائے لوگ تو برائیوں پر خوب مار

کوٹ کے سیدھا کر دیتے ہیں۔ یہ بات بڑی آسانی سے ندا کے ذہن میں جم گئی۔

چلو اچھا ہوا کہ برائیاں مٹنے کے دن آ گئے۔ وہ ماں کتنی بری ہے جو اولاد کی برائیوں کی پیٹھ تھپک کر ہزاروں گھر تباہ کرتی ہے۔ آج چھوٹے سرکار کے زہر میں بجھے ہوئے تیر "دو ٹکے کی" نے اس کے دل کے ساتھ بند شوں کو دیواروں میں بھی شگاف ڈال دیئے تھے اور کھلی ہوئی دراڑوں سے امید کی کرنیں صاف دکھائی دے رہی تھیں۔

(۵) اسی رہگذر پر

پاوشان نے شونا کی کمر میں ہاتھ ڈال دیا اور مسکرا کے بولا "اس آسمان کو دیکھو شونا کس قدر نیلا ہے اور بادلوں پر شفق کا ہلکا سرخ رنگ چڑھ گیا ہے اور کہیں کہیں سفید چمکیلی جھلک وہ دیکھو۔ ادھر مغربی پہاڑی پر وہ۔ وہ۔"

شونا نے اپنی بھدری نیم وا آنکھوں سے اوپر دیکھا۔ کوریا کا کھلا ہوا آسمان اوپر ہی اوپر بڑھتا ہوا۔ پھیلتا ہوا، رنگین نیلا، سرخ اور سفید آسمان جہاں بادلوں کے غباروں نے محل بنا رکھے تھے۔ پہاڑیاں، انسان اور جانور بادلوں میں بن بن کے مٹ رہے تھے۔ اس کی نظریں اس سرخ لکیر پر جا کے رک گئیں جہاں دھرتی اونچی اٹھ کے آسمان سے مل گئی تھی۔

شونا نے اپنے سیاہ اونی۔ پینٹ کا چمکدار بلٹ کس کر کمر پر لگایا اور خواب اور آوا زمیں بولی۔ یہ سرخ لکیر دیکھ رہے ہو۔ مجھے ایسا معلوم ہوتا ہے کہ یہ سرخ چوڑی لکیر ایک راستہ ہے جو زمین کی گود سے آسمان کے سینے تک چلا گیا ہے۔ تم شاید ہنسو اور یقین نہ کرو کہ میں خواب میں ہزاروں بار، اس راستہ پر چلی ہوں مگر یہ سفر پورا ہونے سے پہلے مری آنکھ کھل جاتی جاتی یا میرا چھوٹا بھائی کمارسن سردی سے گھبرا کے میرے گرم کمبل میں گھس جاتا اس طرح یہ سفر کبھی پورا نہ ہوا

شونا نے اپنا ہاتھ پادشان کے ہاتھ پر رکھ دیا جو اس نے شونا کی کمر سے ہٹا کے پل کے بانس پر رکھ دیا تھا اور اداس ہو کے بولی "جانے کمارسن کیسا ہے اب؟"

مجھے معلوم ہے وہ بالکل تندرست ہے اور کمیونسٹ چین میں آرام سے زندگی گذار رہاہے۔ پاوشان نے شگفتہ لہجے میں کہااور اپنے ہاتھ سے شوناکاہاتھ سہلانے لگا۔

پھر شوناکو بدستور اداس دیکھ کے اس نے باتوں کارخ بدل دیااور نیچے بند میں رکے ہوئے پانی پر نظریں ڈال کے بولا" میں بہت دن بعد تم سے ملاہوں، شاید تم ناراض ہو۔"

شونا کے گلابی ہونٹوں پر ہنسی دوڑ گئی۔ اس نے بانس سے سر لگا دیا۔ میں تم سے ناراض نہیں ہوں۔ "مجھے غصہ کبھی نہیں آتا۔ وہ دھیمے لہجے میں کہہ رہی تھی اور پاوشان پانی سے نظریں ہٹاکے اس کے چہرے کو غور سے دیکھ رہاتھا۔ شونا بھی مسلسل اس کی طرف دیکھتی رہی پھر دفعتاً چونک کے بولی "تم نے ہمارے دھان کے کھیت دیکھے تھے نا؟ جن میں ذراذراسے پودے نکل آئے تھے۔ اب ان میں سنہرے دھان آگئے ہیں تم کو وہاں آناہوگا۔"

اس کی آنکھوں میں خوشی ناچ رہی تھی اور ہونٹوں پر ہندوستانی شہد کی سی چمک تھی اور مسکراہٹ میں ویسی ہی تند مٹھاس۔

شونانے اپنے قمیص کی آستین کے بٹن کھول دیئے اور اس کو لپیٹ کر کندھوں تک کرلیا۔ اس کے مضبوط گداز بازو عریاں ہوگئے اور ان پر موٹی موٹی نیلی نیلی دریدیں ابھر آئیں۔

اس نے اپنے بھورے روئیں بھرے ہاتھ پر اپنا دوسرا ہاتھ پھیرا اور پاوشان کی طرف مسکرا کے دیکھا۔

مسکراہٹ، جس میں خوشی تھی، حسن تھا، رنگینی تھی اور تازگی تھی جیسی سویرے کھلنے والے پھولوں میں ہوتی ہے۔ اس کے ننھے ننھے سفید دانتوں کی لڑی نیم واہونٹوں سے جھانک رہی تھی اور گالوں میں دوخوبصورت گڑھے پڑگئے تھے۔

پاوشان نے اس کو شانوں سے پکڑ کے ہندوستانی شہد کی میٹھی گرمی چوس لی۔

مجھے بوڑھے باپ کو کھانا دینا ہے پاوشان۔ اس نے پاوشان کے مضبوط بازوؤں سے اپنے آپ کو چھڑا کر کہا اور جاتے جاتے مڑ کر بولی۔

"کل ضرور آنا۔ میں تمہارا انتظار کروں گی۔"

پاوشان نے جواب میں سر ہلایا اور شونا کو جاتے ہوئے دیکھتا رہا۔

دوسرے دن وہ دونوں دھان کے کھیت میں کھڑے تھے اور شونا مسکرا مسکرا کر پاوشان کو ہری بھری فصل دکھا رہی تھی۔ سبز، دور تک پھیلے ہوئے کھیت جن میں ہوا کے جھونکے گاتے ہوئے گذر رہے تھے سنہری بالیاں جھوم رہی تھیں سر سرا رہی تھیں۔ بالیاں۔ جن کو چھونے سے جن کی نرم سرسراہٹ سننے سے ایک عجیب سی لذت ملتی تھی۔ ایسی لذت جو نیند سے بند ہوتی ہوئی آنکھوں میں ہوتی ہے۔ ہرے پودوں کے سروں پر سونے کے رنگ کی بالیاں، دھوپ میں چمک رہی تھیں۔

شونا کھیت کے درمیان والی مینڈھ پر بیٹھی پاوشان کو پیار بھری نظروں سے دیکھتی رہی۔ وہ نظریں جو کہہ رہی تھیں دنیا میں اور کچھ نہ ہو۔ میں رہوں، تم رہو، کھیت سرسراتے رہیں۔ ہوا بہتی رہے اور زندگی گذر جائے جیسے ہوا کا تیز جھونکا سن سے گذر جاتا ہے۔

پاوشان نے شونا کے قریب بیٹھ کے نرم آواز میں پوچھا۔

"اب ہم شادی کرلیں گے نا شونا؟

ہاں اس فصل کے کٹتے ہی ہم شادی کرلیں گے۔ وہ پاوشان کے چوڑے سینے پر سر رکھ کے یقین سے بولی۔

پاوشان کی آنکھوں میں خوشی کی چمک آگئی۔ اس نے شونا کی بھوری سرخی مائل

بالوں کی لٹوں میں انگلیاں پھیریں اور پیار سے اس کے گال تھپک کر بولا " وہ دن بہت مسرتوں بھرا ہو گا میں تمہیں اپنے وطن شنگھائی لے جاؤں گا۔

نہیں پاوشان۔۔ مجھے ان کھیتوں سے بڑی محبت ہے۔ تمہیں نہیں معلوم مجھ کوریا کی زمین سے کتنا پیار ہے۔ مجھے کوریا کا آسمان کتنا پسند ہے۔ اپنے کچے مکان سے مجھے کتنا اُنس ہے۔ وہ بڑے والہانہ انداز میں کہتی گئی۔ تم نہیں جان سکتے۔

میں جانتا ہوں شونا۔ مجھے خود کوریا سے محبت ہے۔ میری ماں کوریائی تھی، ہاں باپ چینی تھا۔ انسان ہزاروں پابندیوں کے باوجود ایک دوسرے سے رشتہ جوڑلیتا ہے۔ خواہ وہ کوئی ہو، کہیں ہو، انسان فطری طور پر کسی پابندی کو خاطر میں نہیں لاتا شونا، یہی وجہ ہے کہ افریقہ میں سخت پابندیوں کے باوجود بہت سے گورے انسان خفیہ طور پر حبشیوں سے میل جول رکھتے ہیں اور جنوبی افریقہ کے حبشی خاندانوں کا بھی یہی حال ہے۔ جہاں کوریا تمہارا وطن ہے وہاں میرا وطن بھی ہے۔ کوریا میری ماں کا وطن ہے اور شنگھائی میرے باپ کا اس طرح میں دوملکوں کی، دو تہذیبوں کی اور دونسلوں کی نئی تخلیق ہوں۔ "

وہ خاموش ہو کر شونا کی آنکھوں میں دیکھنے لگا جہاں خوشی آنسو بن کے تیر رہی تھی۔

تمہاری ماں کوریائی تھی۔ اوہ۔ شومانے بڑی عقیدت سے آہستہ سے کہا۔ ہاں۔ میرے بچوں کی ماں بھی کوریائی ہو گی۔ پاوشان شرارت سے بولا اور دونوں ہنسنے لگے۔

بڑی دیر تک دونوں اپنی زندگی کا بکھرا نظام ترتیب دیتے رہے نئے نئے خواب دیکھتے رہے۔ دونوں نے آزاد گنگنائے، شونا کی سریلی مرتعش آواز کے ساتھ پاوشان کی بھاری گونج دار آواز دھان کی سرسراہٹ میں مل کے بڑا حسین نغمہ بن گئی۔ ان نغموں میں آنے والی زندگی کا دھندلا سا عکس تھا امنگیں تھیں، خوشیاں تھیں، رنگین خواب تھے

اور دو دلوں کی دھڑکن تھی اور وہ سب کچھ تھا جس کی تمنا زندگی کو ہوتی ہے۔

شونا کے مشترکہ کھیت میں دھان کی فصل مشینوں سے کاٹی جا رہی تھی اور شونا کے طاقتور ہاتھ مشین کا ہتھ گھما گھما کر دھان کے لمبے لمبے جوان پودے کاٹ رہے تھے۔ کبھی وہ مستقبل کی درخشانیوں کو سوچ کر مسکراتی کبھی ماضی کو یاد کر کے کھو جاتی۔ اس کے ذہن میں بچپن کے نقوش بہت واضح اور گہرے تھے اور مستقبل غیر مانوس اور اجنبی دور تھا مگر پھر بھی اس کے خوش آئند تصور سے خوشی ہوتی تھی۔

اس کو اچھی طرح یاد تھا کہ بچپن میں وہ اور کم ارسن نہیں کھیتوں کی ہری بھری مینڈھ پر دوڑا کرتے تھے۔ مغربی پہاڑی پر لمبی ڈنڈی والے بڑے بڑے پھولوں کے گچھے اکٹھے کیا کرتے تھے۔

کم ارسن شونا کو شدت سے یاد آنے لگا اور اس کی نظروں کے سامنے بچپن کے بہت سے واقعات گھوم گئے۔

جب وہ بہت سی چھوٹی سی تھی تو اس کا باپ اسی کچے مکان میں جلتی ہوئی لکڑیوں کے قریب بیٹھا شونا اور اس کے بھائی کو ان کی مرحوم ماں کے قصے سنایا کرتا۔

اس وقت شونا کا باپ جوان تھا، اس کی آنکھوں میں ایک قسم کی چمک تھی اور چہرے پر جھریاں نہیں تھیں۔ وہ اپنا موٹا سرمئی کوٹ پہن کے پاؤں سیکوڑے بیٹھ جاتا اور دونوں بچوں کو گھسیٹ کر اپنے قریب کر لیتا اور کم اوسن کو مخاطب کر کے کہتا۔ دیکھو میرے بچے! تمہاری ماں کی شکل بالکل شونا سے ملتی جلتی تھی۔

کم ارسن دو چار ادھ جلی لکڑیوں کو پھر آگ میں جھونک دیتا۔ دبی ہوئی چنگاریوں کو لکڑی سے کرید کر چلاتا۔

ہاں۔۔ میں جانتا ہوں، مجھے اپنی ماں یاد ہے۔ اس کی آنکھیں بھوری تھیں اور

خوبصورت بھی تھیں۔

اس کا آنکھیں چمکانا، اس کے ذہنی نقش کو اور گہرا کر دیتا۔ شونا کھسک کر اپنے باپ کی گود میں بیٹھ جاتی۔ وہ شونا کے سفید گول مول ننھے بازوں کو سہلا کر کم ارسن سے کہتا۔

ہاں تو تمہاری ماں بہت اچھی تھی۔ بہت مہربان۔ جب تم دونوں پیدا نہ ہوئے تھے تو ہم دونوں کھیتوں پر مل کے کام کرتے تھے میں اس وقت بہت موٹا تازہ تھا مجھے دیکھ رہے ہو نا اس سے دوگنا پھولا ہوا جسم تھا۔ ہاتھ پاؤں بڑے مضبوط تھے۔ تمہاری ماں بھی بڑی طاقتور عورت تھی۔ اس کے چہرے پر نرمی و ملائمت تھی۔ وہ بہت معصوم تھی اور تھوڑی تک جیسے نور کا عجیب و غریب حلقہ سا بنا ہوا تھا اور آنکھوں میں بجلی کی سی چمک تھی۔ جب کم ارسن پیدا ہوا تو ہم بہت خوش ہوئے۔

اور بات بھی تو خوش ہونے کی تھی۔ وہ یہاں تک شونا سے کہہ کے دم لینے کو رک جاتا تو کم ارسن اپنی چھوٹی چھوٹی چندھی آنکھیں دبا کے شرارت سے سونا، کو منہ چڑا دیتا اور شونا منہ بسور کے اپنے اپ کو رحم طلب نظروں سے گھورنے لگتی۔ وہ مصنوعی خفگی کے آثار چہرے پر پیدا کر کے ڈانٹ دیتا اور یہ کہہ کے چپ ہو جاتا کہ اب آگے نہیں بتاؤں گا۔

کم ارسن گھنٹوں کے بل بیٹھ کے خوشامد کرتا۔ آگ میں بہت سی لکڑیاں ڈال کے منہ سے پھونکنے لگتا اور لمبی لکڑی سے آگ الٹ پلٹ کر کے خوشامدی لہجے میں کہتا۔

نہیں اب میں سونا کو کچھ نہیں کہوں گا۔ بس یہ آگ بجھ جائے تو قصہ ختم کر دینا۔

یہ کم ارسن کی پرانی عادت تھی کہ وہ تھوڑی تھوڑی دیر سے سوکھی لکڑیاں الاؤ میں جھونکتا رہتا کہ آگ سرد نہ ہو اور قصہ جاری رہے حتی کہ نیند اس کے سارے احساسات پر چھا جاتی اور اونگھنے لگتا چنانچہ وہ نیند آنے تک برابر الاؤ گرم رکھتا۔

ہاں۔ تو بچو! میں کیا کہہ رہا تھا۔ اس کا باپ موٹی موٹی بھنویں سکوڑ کر حافظہ پر زور دیتا۔

یہی کہ آپ لوگ مری پیدائش پر بہت خوش ہوئے اور بات بھی تو خوش ہونے کی تھی۔ "وہ شونا کو کنکھیوں سے دیکھ کے مسکرادیتا۔

مگر شونا ان باتوں کی پرواہ کئے بغیر بڑے دھیان سے قصہ سننے کی منتظر رہتی

"ہم بہت خوش ہوئے کہ لڑکا جوان ہو کر ہمارا بوجھ ہلکا کرے گا۔ اسی طرح دن گذرتے ہے اور پھر پانچ سال بعد ہمارے گھر پیاری سی لڑکی نے جنم لیا اس کے باپ نے شونا کے گالوں کو چوم کر کہا اور اب دیکھو۔ مری گود میں بیٹھی ہے گڑیا۔ وہ ننھی شونا کو گدگداتا اور وہ ہنستے ہنسے بے دم ہو جاتی۔ پھر جم کے گود میں بیٹھ جاتی۔ پھر کیا ہوا۔ کم ارسن ان باتوں کو نظر انداز کر کے پوچھتا اور دل ہی دل میں چاہتا کہ اس کا باپ شونا کی پیدائش پر خوشی کا اظہار کرنا بھول جائے۔

پھر اس کے باپ کا منہ لٹک جاتا۔ آنکھوں کی روشنی معدوم ہو جاتی اور ان کے گرد سیاہ حلقے پیدا ہو جاتے۔ ٹھڈی کانپنے لگتی اور مدھم آواز میں وہ لمبی سانس کھینچ کر آہستہ آہستہ کہتا۔

پھر شونا کی پیدائش میں اس کی ماں مر گئی۔

الاؤ کے گرد مکمل سکوت طاری ہو جاتا۔ وہ تینوں ایسے جمود کی آغوش میں بیٹھے رہتے جس میں افسردگی غمناک خاموشی اور ہیبت رینگتی۔ الاؤ میں چٹکتی لکڑیاں کوئلہ بن جاتیں اور پھر کوئلے سرمئی راکھ کا چھوٹا سا ڈھیر بن جاتے جس کے اندر چھپی ہوئی چنگاریاں چاروں طرف ہلکی ہلکی گرمی بکھیرتیں تینوں کمبل میں سکڑ کر ایک دوسرے سے چپک جاتے۔ شونا کو وہ دن بھی گذرے ہوئے کل کی طرح یاد آرہے تھے جب وہ اور اس

کا بھائی باپ کے ساتھ کھیتوں میں بڑی دلچسپی اور محنت سے کام کرتے تھے وہ بھی کیسا عجب زمانہ تھا۔

وہ کھیتوں میں بڑی بڑی نالیاں بناتے اور ان کی حفاظت بڑی ہوشیاری سے کرتے۔ جب دھوپ زیادہ تیز ہونے لگتی تو وہ تینوں گھنے درخت کے نیچے ستانے بیٹھ جاتے اور دونوں جبر کر کے اپنے باپ سے روئی کے میدانوں کی کہانیاں سنتے۔ یہ کہانیاں ان لڑکیوں کی ہوتیں جو کپاس کے سفید کھلے ہوئے پھول اپنی بڑی بڑی ٹوکریوں میں بھر کے اپنی پیٹھ پر باندھ لیتیں اور شہر کی منڈیوں میں لے جاتیں۔

شونا کے باپ نے گھنی چھاؤں میں بیٹھ کے اس کو بتایا تھا کہ اس کی ماں بھی انہیں کھیتوں میں روئی کے اجلے پھول چنتی تھی اور گیت گایا کرتی تھی یہ گیت بہت میٹھے اور رسیلے ہوتے تھے جب وہ اپنی رنگین ٹوکری میں خوب بھر کے پھول جمع کر لیتی اور شہر جانے لگتی تو شونا کا باپ آگے بڑھ کے ٹوکری کو اپنی پیٹھ لا دلیتا۔ اور پھر دونوں ہنستے ہنساتے شہر کی بڑی منڈی تک پہونچ جاتے۔

جب دونوں کی شادی ہوئی تو وہ اسی کچے مکان میں رہ گئی اس کا کوئی رشتہ دار نہ تھا۔ یہاں کھیتوں میں اس نے دل لگا کے محنت کی تھی۔ وہ جنوبی کوریا سے شمالی کوریا محض ایک ساتھی کیلئے چلی آئی مگر اس وقت جنوبی و شمالی حصوں کا تصور نہیں تھا بلکہ کوریا ایک ملک تھا جس کے حصے بخرے نہیں ہوئے تھے۔ یہاں اس مکان میں اس نے اپنی زندگی کا سب سے حسین دور شروع کیا اور دو بچوں کو جنم دے کے مر گئی۔

یہ تھی وہ سیدھی سادھی کہانی جو اس کی زندگی سے وابستہ تھی۔ شونا کو یہ سوچ سوچ کر رنج ہوتا تھا کہ وہ اپنی ماں کی موت کا باعث بنی مگر ایسے لمحوں میں باپ کی شفقت اس کی غمگساری کرتی جب وہ اپنا چوڑی، ہتھیلی والا ہاتھ شونا کے بھورے بالوں پر پیار سے

پھیرتا تو اس میں نئی طاقت آجاتی ، نئی ہمت پیدا ہو جاتی اور وہ مسکراتی ہوئی کھیتوں میں چلی جاتی۔

وہ دن بھی شونا نہیں بھولی تھی جس رات دیر تک وہ اور کم ارسن آگ تاپتے اور باتیں کرتے رہے۔ وہ عجیب سی رات تھی۔ مغربی پہاڑی کی آخری چوٹی پر چاند چمک رہا تھا اور کم ارسن معمول سے زیادہ مہربان تھا رات کا بڑا حصہ باتوں میں بیت گیا تھا اور صبح جب شونا بستر سے اٹھی تو کم ارسن بستر سے غائب تھا۔ اس کا باپ اب کافی بوڑھا ہو چکا تھا اور اس کیلئے کم اور سن کے غائب ہو جانے کی خبر بڑی تکلیف دہ تھی۔ بوڑھا اور شونا سارا دن ہر اس مقام پر گھومتے رہے جہاں اس کے جانے کا امکان تھا۔ وہ دونوں شام کو ناکام گھر آئے تو بوڑھا دروازہ کھولتے ہوئے بولا "میرا خاندان گھٹتا جا رہا ہے۔ وہ دن قریب آرہا ہے۔ جب میں پہلے کی طرح بالکل تنہا رہ جاؤں گا۔

شونا بلک بلک کر روئی مگر بوڑھے کی آنکھوں سے آنسو کا ایک قطرہ بھی نہ ٹپکا۔ ہاں چہرے کی جھریاں اور گہری ہو گئی تھیں۔ آنکھوں کے گرد حلقے زیادہ سیاہ ہو گئے تھے اور فکر مند پیشانی پر بہت سے بل اڑی ترچھی لکیروں کی طرح کھینچ گئے تھے۔ وہ چپ چاپ بیٹھا آسمان کی طرف نظر اٹھائے پھیلتے ہوئے بادلوں کو دیکھتا رہا جو ڈوبتے سورج کی زرد کرنوں سے سنہرے ہو گئے تھے پھر ایک دم سر اٹھا کے بولا۔ آسمان کی گود سے یہ کھیلتے بادل چھٹ جائیں گے اور آسمان کی گود پھر خالی ہو جائے گی۔

اس جملے میں ہزاروں آنسوؤں کا سیلاب امنڈ رہا تھا۔ اس خاموشی میں سینکڑوں چیخیں خاموش تھیں۔ وہ رات بھر اپنا تیز تمباکو پائپ میں بھر بھر کے پھونکتا رہا۔

شونا کی یادداشت میں وہ دن بھی تازہ تھا جس دن وہ پادشان سے ملی تھی کم ارسن کے جانے کے ایک ماہ بعد پاوشان اس کے بتائے ہوئے راستہ پر چل کے شونا کے گھر تک

آیا تھا۔ جہاں سامنے کھیت میں شونا کام کر رہی تھی اور دروازے پر بوڑھا بیٹھا خوشبودار چائے کا گہرا جوشاندہ پی رہا تھا۔ وہ پہلے شونا کی طرف بڑھا۔ اس نے شونا کو بڑی دلچسپی سے دیکھا۔ اس کے سونے کے باریک تاروں جیسے سنہرے سرخی مائل بالوں کو اس کی چمکتی پیشانی کو خوبصورت کانچ کی سی بھوری آنکھوں کو اور شاداب ہونٹوں کی میٹھی مسکراہٹ کو اس نے آنکھیں جھپکا کر غور سے دیکھا اور بالکل اسی دلچسپی سے شونا بھی اسے دیکھتی رہی۔ اس نے کم ارسن کے بارے میں شونا کو اتنا بتایا تھا کہ "وہ میرا دوست ہے، میں تمہیں اتنا بتا سکتا ہوں کہ وہ چین میں آرام سے ہے۔" پھر وہ بوڑھے کے پاس بیٹھ گیا۔ بوڑھے نے جب یہ سنا کہ کم ارسن زندہ ہے تو قہقہہ مار کے ہنس پڑا۔

اس ملاقات کے بعد شونا کا ہاتھ بٹانے وہ بھی کھیتوں میں چلا آتا اور اس رات شونا کا باپ الاؤ کے پاس بیٹھے بیٹھے پائپ دھنکتا اور دھوئیں کے نیلے مرغولے بنا بنا کر باتیں کیا کرتا۔ اب تو شونا کے باپ سے پاوشان پچھلی دوسری جنگ عظیم کے قصے بھی بیان کرنے لگا تھا۔ جب وہ سپاہی کی حیثیت سے بھرتی ہو کر گیا تھا۔ وہ جرمن قیدیوں کی داستانیں چٹخارے لے لے کے سناتا اور ہر داستان کے ختم پر ایسا گونج دار قہقہہ لگاتا جیسے بجلی کڑک جائے گویا وہ جرمن قیدیوں پر نہیں ہنس رہا تھا بلکہ ظلم و ستم کا مذاق اڑا رہا تھا۔

وہ جب بھی شونا کے پاس آتا تو ہفتہ بھر کے اخبار اکٹھے کر کے ساتھ لاتا اب الاؤ کے گرد روئی کے میدانوں کی کہانیوں کی بجائے دنیا کے محنت کشوں کی عملی جدوجہد، سیاسی پارٹیوں کے نئے پروگرام اور طبقاتی کشمکش سے متعلق بحث و مباحثہ ہوتا یا پادشان کسی سیاسی موضوع پر گھنٹوں بوڑھے سے الجھا رہتا۔

شونا کو بھی ان نئی باتوں سے دلچسپی ہوتی جا رہی تھی۔ یوں بھی وہ اور اس کا باپ دنیا کے حالات سے بے خبر نہیں تھے۔ کسانوں کا اخبار پڑھا جاتا تھا مگر پادشان کی باتوں کا

انداز بالکل علیحدہ تھا۔

اپنا چوڑا خوبصورت ہاتھ گھما کر اور آنکھوں میں چمک پیدا کرکے زوردار لہجے میں جب وہ کسی مسئلہ کی تائید کرتا تو پھر کسی کی ہمت نہ پڑتی کہ تردید کردے۔ اس کی باتوں میں خاص وزن تھا۔

جب شونا کو فرصت مل جاتی تو وہ اپنے کھیتوں کی مینڈھ پر بیٹھ جاتی اور جب پاوشان آتا تو دونوں اپنی شادی کے متعلق باتیں کرتے۔ رات کو اخباروں کے موٹے موٹے فائیل کھلتے اور شونا کو اپنی زندگی کا مستقبل بھول کر ان کروڑوں انسانوں کا مستقبل سوچنا پڑتا جو دنیا کے مختلف حصوں میں نئی زندگی کے لئے لڑ رہے ہیں اور طبقاتی خلیج پاٹنے کے لئے پوری توانائیوں اور طاقتوں کے ساتھ میدان میں اتر پڑے ہیں۔

شونا کے مشترکہ کھیت میں مشینوں سے دھان کی کٹائی ہوگئی۔ گیت گاگا کر اس نے کٹائی میں حصہ لیا۔ بچپن کو یاد کیا۔ بچپن سے اب تک کی زندگی کے یادگار لمحوں کو یاد کیا۔ اپنی مرحوم ماں کو یاد کیا اپنے بھاگے ہوئے بھائی کو یاد کیا۔ اپنے ہمدرد محبوب کو یاد کیا اور آخر میں آنے والی خوشیوں کو یاد کیا جب وہ شنگھائی جائے گی۔

گیت گنگنا کر اور مشین کا ہتھا گھما گھما کر اس نے ساری زندگی پر غور کیا جانے پہچانے ماضی سے لے کر اجنبی مستقبل تک۔

دھان کٹ گئے۔ کھیت کی خالی مینڈھ پر بھیٹھی وہ پاوشان کا انتظار کرتی رہی۔

دن گذرے، راتیں گذریں۔ الاؤ میں سرخ انگارے دہکتے شعلے اپنی لال زردی مائل زبانیں نکالے بھڑکتے اور بوڑھا پاؤں سیکڑے کمبل کا گھونسلہ بنائے پڑا پڑا پائپ کا سرمئی گاڑھا دھواں اُگلتا۔ شونا الاؤ میں موٹی موٹی لکڑیاں ڈال کر الاؤ گرم رکھتی اور بیٹھی پاوشان کی راہ تکتی حتی کہ الاؤ میں رکاھ کا ڈھیر لگ جاتا اور وہ دو تین انگڑائیاں لے کے

لپٹ جاتی۔

کھیتوں کی کٹائی کے بعد جب سارے حصہ داروں میں دھان کے برابر حصے بٹ گئے تو شونا بیکار سی ہو گئی۔ اس کو پاؤشان کا شدید انتظار تھا۔ زمین نے سورج کے گرد گھوم کر اپنا ایک چکر مکمل کر لیا اور جب شونا بالکل مایوس ہو گئی تو اچانک وہ آ گیا مگر بہت گھبرایا ہوا۔ اس نے فوجی وردی پہن رکھی تھی۔ اس کے چہرے پر وحشت برس رہی تھی۔ شونا دوڑ کے اس سے لپٹ گئی "تم آ گئے ؟" چاول کے کھیتوں کی کٹائی کب کی ختم ہو گئی۔ اب ہم شنگھائی چلیں گے نا؟"

اس نے آہستہ سے شونا کو الگ کیا اور شونا کے باپ سے لپٹ کر بولا میں محاذ پر جارہا ہوں۔ تمہارے دیہات میں جو وحشت پھیلی ہوئی ہے وہ یونہی نہیں ہے۔ آج کوریا جل رہا ہے، برا کٹھن وقت۔ اگر اس وقت کوریا کو بچایا نہ گیا تو سامراجیوں کا زبردست اڈہ بن جائے گا اور سنو۔ میں جا رہا ہوں، تم کو اور شونا کو بچانے کے لئے۔ اس خوبصورت کچے مکان اور ہرے بھرے کھیتوں کو محفوظ رکھنے کے لئے۔ اس سرزمین کو غلامی کے چنگل سے بچانے کے لئے۔

بوڑھے نے دھندلی آنکھ سے اس کی طرف دیکھا اور پھر اس کی نظریں معصوم شونا کی طرف اٹھ گئیں جو سس رہی تھی۔ ہونٹ چبا رہی تھی اور چھوٹے چھوٹے سفید ہاتھ ایک دوسرے سے رگڑ رہی تھی۔

بوڑھے نے زور سے درخت کے تنے پر تھوک کر کہا "سامراجیوں کا اڈہ ہمارا کوریا بن جائے گا؟ نہیں بن سکتا۔ کبھی نہیں "۔ اس نے دوبارہ تھوک کر یقین کے ساتھ سر ہلایا۔

پاؤں شان شونا کی طرف مڑا اور اس کا ہاتھ پکڑ کے بولا "شونا! جہاں کوریا تمہارا وطن

ہے وہاں میرا ابھی ہے اور جب میرا ہے تو اس کو بچانا میرا فرض ہے۔ جب کوریا نہ رہے گا تو ہماری محبت کہاں محفوظ رہے گی۔ یہ میری ماں کا وطن ہے جہاں میرا باپ اس سے پہلی بار ملا تھا جہاں تمہاری ماں نے روئی کے پھول اپنے حسین ہاتھوں سے چنے تھے۔ وہ روئی کے کھیت جل جائیں گے۔ تمہارے دھان کے کھیت راکھ بن جائیں گے اور یہ خاندانی و آبائی مکان، ملبے کا ڈھیر ہو گا۔ کیا تم اپنے وطن کی تباہی برداشت کر سکو گی؟ مجھے جانے دو، میں پھر آؤں گا۔ تمہیں شنگھائی لے جانے آؤں گا" وہ روتی ہوئی، کانپتی ہوئی شونا کو سہارا دے کے بوڑھے سے بولا کم ارسن چین کے ان فوجی دستوں کے ساتھ کوریا آرہا ہے جسے چین کوریا کی مدد کے لئے بھیج رہا ہے شاید وہ محاذ پر جانے سے پہلے تم سے ملنے آئے۔

بوڑھے نے حیرت وخوف سے آنکھیں پھیلا کر کہا "کم ارسن؟ اپنے وطن کو بچانے آئے گا؟ اچھا۔ آناں ---ہاں ---۔ اور وہ سر جھکا کے آنکھوں سے ٹپکتا پانی پونچھنے لگا۔ جب اس نے سر اٹھایا تو وہاں کوئی نہ تھا۔ شاید شونا پوشان کو پل تک چھوڑنے گئی تھی۔

پاؤشان کے چلے جانے کے بعد شونا پہلی جیسی نہیں رہی۔ بیٹھے بیٹھے اس کی رگ رگ میں چنگاریاں سی دوڑتیں۔ اس کی کنپٹیاں گرم ہو جاتیں اور مٹھیاں کس جاتیں۔ وہ سارے دیہات میں پھیلی ہوئی بے چینی اور سراسیمگی سے متاثر ہو جاتی۔ اس کا جی چاہتا وہ بھی چلی جائے محاذ پر۔ زخموں سے بھرے ہوئے چہروں پر مرہم لگائے۔ دم توڑتے ہوئے انسانوں کا سر اپنی گود میں رکھ لے اور موت اور زندگی کے درمیان کہی ہوئی چند ادھوری باتیں سنے۔ انھیں دلاسہ دے۔ مرتے ہوئے انسان کو دلاسہ بڑی پر سکون موت دیتا ہے۔

مگر وہ اپنے باپ کی طرف دیکھنے لگی جس کا آخری سہارا وہ خود تھی۔ وہ بھی بدل گیا تھا۔ شونا محسوس کرتی وہ بہت سوچتا ہے، سارا دن سوچنے میں گذار دیتا ہے اس کا چہرہ سرخ

ہو جاتا ہے۔ ہونٹ آپ ہی آپ بھینچ جاتے ہیں اور کسی اندرونی خفتی سے پیشانی کی نیلی درید ابھر کر موٹے کینچوے کی طرح حرکت کرتی ہے۔ ایسی حالت میں وہ شونا کو ایسی نظروں سے دیکھتا جیسے وہ ایک رکاوٹ ہے۔

ایک دیوار جس کو عبور کرنا ناممکن ہے۔ یہی حالت شونا کی تھی جب اس کی رگیں تن جاتیں، مٹھیاں کس جاتیں اور آنکھوں میں گرم پانی بھر آتا تو وہ دھندلائی ہوئی آنکھوں سے بوڑھے کو بغور دیکھنے لگتی۔ اس پر نظر پڑتے ہی رگیں ڈھیلی پڑ جاتیں، بھنچی ہوئی مٹھیاں کھل جاتیں اور جسم ایک دم کمزور پڑ جاتا۔

ایک دن صبح شونا بوڑھے باپ کی پسندیدہ چائے لے کے اس کے بستر پر گئی تو کمبل بے ترتیب پڑی تھی اور بستر خالی تھا۔۔۔ اُس کے سرہانے سے سکوّں کی تھیلی غائب تھی۔ وہ کچھ ڈری، گھبرائی اور پلٹ کے اپنے بستر تک آئی۔ سکوّں کی تھیلی خود اس کے سرہانے رکھی تھی۔ اُس نے بھنویں سکیڑ کر کچھ سوچا اور پھر سر ہلا کر باہر نکل گئی۔ اس کو اپنے آس پاس بہت سے لوگ ملے مگر اس نے کسی سے کوئی سوال نہ کیا۔ وہ غیر شعوری طور پر پُل کی طرف بھاگی۔۔۔

ابھی سورج پوری طرح اُبھرا نہ تھا۔ فضا میں سیاہ وسفید لکیریں سی کھنچی ہوئی تھیں اور اندھیر اُجالا ملا جلا سا تھا۔ جنگلی پرندے اپنے بڑے بڑے پر پھیلائے آسمانی بلاؤں کی طرح اُڑ رہے تھے۔ بوڑھا پانی کے بند کے قریب بے حس و حرکت پڑا تھا اور اس کے پیر سے تازہ خون بہہ کر مٹی پر جم گیا تھا شونا نے جھک کر بوڑھے کی چھاتی سے سر لگا دیا مگر دھڑکن غائب تھی۔

اُس نے جلدی سے اپنے کانپتے ہوئے ہاتھ سے، کھردرے بلے روئیں بھرے ہاتھ کو پکڑ کر نبض ٹٹولی۔۔۔ آہ۔۔۔ ہوں۔۔۔ آہ۔۔۔ وہ سسکنے لگی۔

یہ پانی کا بندھ جہاں اس نے دو زندگیوں کو خدا حافظ کہا تھا ایک مضبوط، توانا، گرم جسم، بھو،ری آنکھوں کی نیلگوں چمک اور ہنستا ہوا چہرہ ایک محبوب۔۔۔ دوسرا باپ۔۔۔ دونوں زندگیاں اس سے کس قدر گہرا تعلق رکھتی تھیں۔۔۔

مگر یہ پانی کا بند اور لمبا چوڑا پُل جہاں سے شہر کو راستہ جاتا تھا یہ پُل شہر کے راستے پر لے جاتا تھا۔ اور روانہ بیسیوں دیہاتی نوجوان اس پُل پر روتی ہوئی بیویوں، ماؤں، بہنوں اور بچوں سے جدا ہو جاتے تھے۔

شام کو ہر روز شونا پل پر کھڑی ہو کے جانے والوں کو دیکھا کرتی اور روز جیسے ہر زخم تازہ ہو کے مہکنے لگتا تھا۔ یہ پُل کس قدر پر اسرار تھا یہیں سے اس کا بھائی شہر گیا تھا۔ شاید یہاں آکر اس نے ایک دفعہ مڑ کر اپنے مکان اور کھیتوں کو دیکھا ہو اور پھر پُل پار کر گیا ہو ۔۔۔ یہیں اس کا محبوب اس سے یہ کہہ کر بچھڑ گیا تھا کہ "شاید یہ آخری ملاقات ہو" اُسی پُل پر کھڑے ہو کر اس نے کھیتوں کی طرف دیکھا تھا پھر شونا کے آنسوؤں کو، سوجی ہوئی آنکھوں کو اور شونا کو ایک بار اپنے سینے سے لگا کے الگ کر دیا تھا۔ اس کے تصورّ میں صاف دکھائی دے رہا تھا کہ وہ پُل پر چل رہا ہے اور مُڑ مُڑ کے شونا کے اُترے چہرے کو دیکھ رہا ہے۔

شونا پر آخری نظر ڈال کے جب وہ اوجھل ہو گیا تھا تو شونا کو سخت جھٹکا لگا تھا۔ اُس نے اپنے ہاتھوں سے چہرہ چھپا لیا تپا اور اب یہیں اس کا بوڑھا باپ اس سے جُدا ہو گیا تھا۔ وہ شہر جانے اور محاذ تک پہونچنے کی حسین تمنّا لے کے گھر سے نکلا تھا۔ اس نے اس رہگذر پر پاؤں بڑھائے تھے جس پر چل کر کئی مضبوط قدم محاذ سے قریب ہو جاتے تھے۔ شہر جا کے فوجی بھرتی میں نام لکھانا مشکل نہیں تھا۔ شاید شونا کا باپ اس رہگذر پر جاتے ہوئے پلٹ پلٹ کر اپنی نوجوان بیٹی کا چہرہ ڈھونڈ رہا تھا اور اسی کوشش میں پتھر سے ٹکرا گیا تھا

۔۔۔ جسم چھوڑ کر اس کی روح پُل پار کر گئی تھی۔

شونا نے زور سے سسکی لے کر آنسو پونچھ ڈالے۔ اس کو یوں لگا جیسے کو آگ لگ گئی ہے۔ کھیتوں سے شعلے نکل رہے ہیں اور اس کے دیہات کی ہموار زمین پر بڑے بڑے خوفناک کھڈ بن گئے ہیں جن میں انسانی ہڈیاں چیخ رہی ہیں۔ کھوپڑیاں بکھر رہی ہیں اور ہاتھ پیر رینگ رہے ہیں، سسکیاں، کراہیں اور چیخیں بلند ہو رہی ہیں، فوجی وردیاں پہنے ہوئے وحشی لاشوں، کو کچل رہے ہیں، قہقہے لگا رہے ہیں اور ان کے بھاری قدموں کے نیچے نازک ہونٹ، دودھ بھری چھاتیاں، گول مول بازو اور سرخی مائل بھورے بال روندے جا رہے ہیں۔

شونا نے ہلکی چیخ ماری، اپنے بڈھے باپ کی لاش کو دیکھا، گھبرائی ہوئی نظریں دیہات پر ڈال کے وہ پُل پر دوڑ گئی۔۔۔

سورج اُبھر چکا تھا۔ آسمان کی رفعتوں پر سفید چڑیوں کا غول اُڑتا ہوا جا رہا تھا۔ کرنوں کی چمک میں پانی لہریں لے رہا تھا۔ آسمان کے مشرقی کنارے پر آفتاب کا بڑا سا تھال چمک رہا تھا۔ پہاڑیوں کے نوکدار سرے روپہلی ہو رہے تھے اور ایک خوبصورت جوان لڑکی پُل پر دوڑ کر شہر والے راستے پر جا رہی تھی۔ اس کی آنکھوں میں چمک تھی۔ بھوئیں تنی ہوئی تھیں، مٹھیاں کسی ہوئی اور ہونٹ بھنچے ہوئے تھے اور سرخ ریشمی بال اُڑ رہے تھے۔ اُس کے لئے پُل پر خدا حافظ کہنے والا کوئی نہ تھا مگر وہ اُس سے بے نیاز پوری طاقت سے دوڑ رہی تھی۔۔۔ اُسی رہگذر پر!

(۶) آخری حویلی

ہائے یہ حویلی نہ ہوئی، پورے نو مہینے کا پیٹ ہو گیا جس کا بوجھ عورت کو سنبھالنا دوبھر ہو جاتا ہے۔۔۔

یہ کمبخت حویلی بھی صمصام الدولہ کا بوجھ بنی پڑی تھی۔ ایک دو، نہ پورے پچاس کمرے تھے۔ مرمّت کروانا تو ایک طرف، قلعی پھر دانا بھی بس کی بات نہ تھی جگہ جگہ سے دیواروں پر چونے کا پلستر اُکھڑ رہا تھا۔ کہیں کہیں سیڑھیاں ٹوٹ گئی تھیں مگر نواب صاحب کی نظر پڑتی بھی تو وہ نظریں چڑا جاتے۔ اتنے بڑے برآمدوں میں جھاڑو دیتے لونڈیوں کا دم نکلتا تھا۔ ہاتھوں میں موٹے موٹے گٹھے پڑ گئے تھے۔ دوہری کمر سیدھی کر کے جب گلشن لمبی سانس کے ساتھ ہائے کہتی تو بڑی بیگم چیخ اٹھتیں کمبخت جل موئی، بھرے گھر میں ہائے ہائے کرتی پھرتی ہے اور گلشن دانتوں میں اپنی ننھی سی زبان دبا کے شرمندگی کا اظہار کرنے لگتی۔

ہر برس عید آتی تو باندیاں محرمی صورت بنائے دیوڑھی کا کونہ کونہ جھاڑتی جھٹکتی پھرتیں۔ مہینوں سے گرد میں اَٹے ہوئے بلوّریں فانوس کپڑے کی دھجیاں بھگو کے صاف کئے جاتے اور نئی مومی شمعیں روشن کی جاتیں۔ باغ میں مدت سے پڑا ہوا سوکھی شاخوں و پتیوں کا ڈھیر اُٹھا تو گلشن، نوبہار و چمپا کو یوں محسوس ہوتا جیسے کوڑا اُٹھاتے اُٹھاتے ان کی اپنی زندگی بھی گھورا بن گئی ہے جس پر ہر طرف غلاظت ہی غلاظت پھیلی پڑی ہے مگر گھورا کس سے کہے کہ مجھے صاف کرو۔ یہاں بھی خوبصورت زمین دبی پڑی ہے۔ ہر طرف

کی گندگی اپنے سینے پر لیئے گھورے کی قسمت سوئی پڑی ہے۔

سارے گھر کی مالی پریشانیوں، گھریلو الجھنوں اور ازدواجی زندگی کی تلخیوں کا نشان دہی غریب بنا کرتی ہیں۔ ہر ایک کے حصہ کا بہاؤ انھیں کی سمت رخ کرتا ہے۔

نواب صاحب کے خاصدان سے لے کے بڑی بیگم کی پن کٹی تک کی ذمہ داری انھیں کی ذات پر آپڑی تھی۔ گردنیں جھکائے کولھو کے بیل کی طرح گھمر گھمر گھومتی پھرتی۔ خاموشی سے سب کچھ سہے جاتے ہیں۔ ہر ایک کے جا و بیجا حکم پر جھپٹ کر دوڑتیں۔ سارے گھر کی صفائی، بیگموں کی خدمت، ہر آئے گئے کی خاطر مدارات۔ بچوں کی دیکھ بھال کے علاوہ نواب صاحب کی بے چین راتوں کا چین بھی ان ہی کو مہیا کرنا پڑتا۔ ڈانٹ ڈپٹ، کوسنے کاٹنے اور مار دھار سے بھی واسطہ پڑتا رہتا۔ جوتی تو پیر میں پہننے کو ہوتی ہے مگر یہ کوئی نہیں کرتا کہ کبھی کبھار سر پر بھی رکھ لے سو یہ کمبخت بھی پیر کی جوتی بنی گھسٹتی پھرتی ہیں۔

صمصام الدولہ کے سہرے کے پھول کئی کئی بار اسی حویلی میں کھلے تھے۔ یہیں ان کی ماں نے بڑی بیگم کے چہرے سے زرتا گھونگھٹ الٹ کے چٹ چٹ بلائیں لی تھیں "دلہن کا ہے کو ہے، چودھویں کا چاند ہے۔ دیکھنا حویلی چھک سے روشن ہو جائیں گی۔ چشم بد دور، دلہن کی بلا جھاڑ پہاڑ کی نذر"۔

مگر جب سیاہ رات نے چودھویں کے چاند کو نگل لیا اور بڑی بیگم اپنی بانجھ کوکھ پر ہتھڑ مار کے بیٹھ رہیں تو نواب صاحب بادل ناخواستہ دوسرے شادی پر سمجھانے بجھانے سے راضی ہو گئے۔ اتنا بڑا جاگیر دار اور شہر کے رئیسوں کا رئیس لاولد رہ جائے یہ کس سے دیکھا جاتا۔ آخر خاندان کا نام لیوا کوئی تو ہو پھر کوئی گمنام ہوتا تو بات دوسری تھی۔ صمصام الدولہ تو دیس دیس مشہور تھے۔ بڑی بیگم حویلی میں روشنی نہ بکھیر سکیں تو ساس

نے منجھلی بیگم بھی کالی گود لیئے بیٹھی رہیں۔ توبہ ہے اللہ کوئی اپنے ہاتھ کی بات ہے؟ ہزاروں منتیں مانگیں گئیں۔

"یا غوث پاک چاندی کا جھولا چڑھاؤں گی"۔

شہر کی مسجدوں میں گھی کے چراغ جلاؤں گی۔

غریب حاجت مندوں کو چالیس دن کھانا کھلاؤں گی۔

مگر منجھلی بیگم کے جگمگاتے دن بھی بڑی بیگم کی راتوں کی طرح لمبے اور اندھیرے ہو گئے۔ انھوں نے اپنا جھومر اتار کے زیور کے صندوقچے میں ڈال دیا۔ رات کو کروٹ بدلنے میں ہاتھوں کے کنگن رگڑنے لگے۔ وزنی کرن پھول سے کانوں کی لویں پھٹنے لگیں تو منجھلی بیگم نے ہلکے پھلکے سونے کے پھول کانوں میں اٹکا لیئے۔ بڑی بیگم کی طرف نظر نہ اٹھانے والی اب ان کے دالان میں بیٹھ کے پان کھانے لگیں۔

نواب صاحب زیادہ تر اوپر والے کوٹھے کے کمرے میں رہتے اور نیچے اترتے بھی تو بڑی بیگم و منجھلی بیگم کے سر پر آنچل اوڑھنے سے پہلے ہی دیوڑھی سے باہر چلے جاتے۔

جب گلشن نے بتایا کہ منشی جی کہہ رہے تھے کہ ایک مصاحب نے ایک بڑے جاگیر دار کے وہاں بات شروع کی ہے تو بڑی بیگم اور منجھلی بیگم نے اپنے وقار کی سلامتی اسی میں دیکھی کہ نواب صاحب کو من مانی کرنے سے پہلے تیسری شادی کی رضامندی دے دیں۔ آخر اس میں جاتا ہی کیا ہے۔ ہر شخص طویل ٹیڑھی میڑھی راہوں پر چلنے کے لئے ایک مضبوط لاٹھی کا سہارا ضرور چاہتا ہے۔ بڑھاپے کی اندھیری راتوں میں چراغ کی لَو کس کو نہیں بھاتی ہے۔

اب برسوں بعد بھی حویلی اس طرح سر اٹھائے کھڑی تھی۔ صرف چمکیلے کلس آگے کو جھک گئے تھے اور کئی برساتیں کھائی ہوئی کائی سے ڈھکی دیواروں پر پلستر کوڑھ کے

دھبوں کی طرح لگتا تھا۔ جگہ جگہ پہر دیتے چوکیداروں میں سے اب صرف ایک چوکیدار نظر آتا۔ جس کے چہرے پر نوحے برس رہے تھے اور جو زندگی سے بیزار دکھائی دیتا تھا۔ بار بار اس کی گردن نیند کے جھونکے روکنے کی کوشش میں دیوار سے ٹکرا جاتی اور وہ ادھر ادھر گردن بڑھا کے یوں دیکھنے لگتا جیسے پوچھ رہا ہو، کسی نے دیکھا تو نہیں؟

دالان میں بری بیگم اپنے ملنے جلنے والوں سے اپنے ماضی کی شاندار روایات بیان کرنے بیٹھ جاتیں۔ کان بہرے، نہ آنکھیں پھوٹیں۔ جب سے قدم رکھا حویلی میں نوبت خانہ دیکھا۔ کانوں نے سدا نوبت بجتے سنا۔ آج نوبت خانہ ویران پڑا ہے۔ گزوں جالے چھت سے لٹک رہے ہیں۔ آدمی کے قد برابر بڑے بڑے طبلہ کے جوڑ ایک دوسرے پر اوندھے پڑے ہیں تو برسوں گذر گئے۔ کسی نے انگلی نہ لگائی، وہ بھی کیا زمانہ تھا جب بڑے پھاٹک پر ہاتھی کھڑا جھومتا تھا۔ اوپر حویلی کی کھڑکیوں میں، چلمنوں کے پیچھے ہم لوگ محرم کا تماشہ دیکھنے بیٹھتے تو شہر کی ساری رونق ہتھیلی پر معلوم ہوتی تھی۔ سویرے باندیاں ہاتھ پیر داب داب کے نیند سے جگاتی تھیں۔ ہر وقت نظر نیچی، حکم کی منتظر کھڑی ہیں۔ اب تو ان منہ زور گھوڑیوں کے لگام ہی نہیں لگتی۔۔۔

ہائے یہ سب خواب ہو گیا اور سچ پوچھو تو چھوٹی بیگم کے قدموں نے حویلی میں جھاڑو پھیر دی۔ سارے ٹھاٹ باٹ اُن کے آتے ہی رخصت ہو گئے پن کٹی کے کھٹ پٹ ساز پر اُن کا گھسا پٹا نغمہ گونجتا تو چھوٹی بیگم نفرت سے منہ پھیر لیتیں۔

"توبہ کیا زمانہ آیا ہے، قبر میں پیر لٹکائے بیٹھی ہیں مگر اب بھی گناہوں سے توبہ استغفار نہیں کرتیں۔ جئے جانے کی ہوس مردہ بدن میں سانس بن کے آتی جاتی ہے۔ کوئی بڑے نواب صاب ہر گھڑی ان کی نگرانی کرتے تھے؟ کتنی ہی لونڈیوں کو مار مار کے کنویں میں پھینک دیا۔ یوں بھی کوئی ظلم کرتا ہے؟ کیا جواب دیں گی خدا کے سامنے

۔۔۔؟ جب دیکھو تب میرے ہی نام کی فاتحہ پڑھتی رہتی ہیں۔ مر جائیں گی تو مٹّی بھی عزیز نہ ہو گی۔"

چھوٹی بیگم اپنی لمبی چوری چوٹی میں موباف کی گرہ مضبوط کر تیں۔

جلدی جلدی کارگے کی کُرتی پر ٹنکی ہوئی چمکیاں نوچ نوچ کے دالان کی طرف دیکھ کے پلکیں جھپکانے لگتیں۔۔۔ جب سے جاگیر داری کا خاتمہ ہوا تھا، اُن کو اپنا مستقبل خطرے میں نظر آنے لگا۔۔۔ یوں دیکھنے کو وہ اب بھی بنی سنوری اپنی بچی کھچی جوانی کو چمکانے میں مصروف رہتیں مگر دل اندر ہی اندر بیٹھا جاتا۔ کلائی بھر بھر کے پھنسی ہوئی چوڑیاں پہننے والی چھوٹی بیگم کے ہاتھوں میں جھڑے پڑے نگوں والی گوٹیں مہینوں دکھائی دیتیں مگر انھیں اپنے سہاگ کا ذرا سا احترام نہ ہو پاتا۔ بات بے بات سخت سُست سُن کے سہم جانے والی اب کبھی کبھی تڑے منہ یہ جواب مار بیٹھیں اور پھر بھی چین نہ آتا تو معمولی سی بات پر بھی گھنٹوں بیٹھی کٹکٹایا کرتیں کرتیں مگر جب صمصام الدولہ حویلی کے بڑے پھاٹک سے گذر کر دیوڑھی میں قدم رکھتے تو چاروں طرف خاموشی چھا جاتی۔ سارا ہنگامہ، لعن طعن کے تبادلے اور بیٹھے بیٹھے کٹکٹائے جانے کی عادت جانے کہاں غائب ہو جاتی۔

کبوتر چھتری پر چُپ چاپ ایک دوسرے سے بے خبر چونچ سے پر صاف کرنے لگتے۔ بڑی انّا اور چھوٹی انّا کے حویلی میں ہر طرف اُچھل کود مچانے والے بچّے، ایک دوسرے کو ماں بہن کی گالیوں سے مخاطب کرنا بھُول جاتے اور جب نواب صاب بلند آواز سے کسی باندی کو پکارتے تو جنگل میں شیر کی خوفناک دھاڑ کی طرح فناک آواز گونجتی اور بڑی، منجھلی اور چھوٹی بیگم ایک ساتھ درود شریف پڑھ پڑھ کے اپنے اوپر دم کیا کر تیں۔

اور ذرسی آہٹ پا کے زمین کے ننھے منّے سوراخوں میں دبک جانے والے کیڑے

مکوڑوں کی طرح بیگمیں اپنے اپنے کمروں میں منہ اوندھائے پڑرہتیں۔۔۔

صمصام الدولہ کوٹھے والے کمرے میں دیر تک باندیوں کو احکامات دیا کرتے یہ سب ہی بیگمات جانتی تھیں کہ تین تین بیویوں کے ہوتے ہوئے بھی صمصام الدولہ اِدھر اُدھر سے عورتیں بٹورنے میں ذرا بھی بخیل نہ تھے۔

کھلے ہاتھ کی طرح دل بھی کھُلا ہوا تھا۔گھر کی لونڈیاں باندیاں تک بلا شرکت غیرے نواب صاحب کی ملکیت تھیں اور ان سب کو رزق پہونچانے میں خدا کی ذات سے زیادہ نواب صاحب کا ہاتھ تھا۔

باپ دادا کی ساری جائداد کے تنہا وارث صمصام الدولہ تھے۔کئی شاندار حویلیاں، انھوں نے اپنی چھوٹی چھوٹی ضرورتوں پر قربان کردی تھیں اور جی بھر کے عیش کئے تھے۔

اکیلے ان کے قبضے میں اتنی جائداد تھی کہ پشت ہا پشت ان کو ہاتھ پیر ہلانے کی بھی ضرورت نہ پڑتی مگر بغیر پسینہ ٹپکائے اتنی بڑی جائداد مل گئی تھی، اس کا درد بھلا کیوں ہوتا ۔۔۔؟ اگر وہ اپنی محبت کے بل بوتے پر ان شاندار حویلیوں کی بُنیاد رکھتے تو ان کی ایک ایک اینٹ سے ان کو پیار ہوتا مگر ان کا حساب ہی دوسرا تھا۔۔۔

بالکل کہانیوں کے شہزادے کی طرح جو ہمیشہ راتوں رات تاج وتخت کا مالک بن جاتا ہے اور آنکھیں کھلتی ہیں تو پریاں مبارکباد کے نغمے چھیڑ دیتی ہیں۔ "اے نوجوان! آج سے تم ہمارے دیس کے بادشاہ ہو۔"

بالکل یہی حال نواب صاحب کا تھا۔۔۔

صمصام الدولہ تھے تو رئیس زادے اور رئیسوں کے خون کی ساری اچھائیاں ں اور بُرائیاں بھی ترکہ میں ملی تھیں اور اس طرح انھوں نے اپنی روایتوں کی شاہراہ پر قدم

بڑھائے کہ دیکھنے والوں نے آنچل پھیلا پھیلا کے دُعا دی۔

دیکھو تو بوا۔۔۔ بالکل اپنے باپ کی طبیعت پائی ہے۔۔۔ دہی کھلا ہاتھ، دہی لین دین ایک ایک بچے کی سالگرہ پر ہزار ہا روپیہ پانی کی طرح بہا دیا مگر کیا مجال جو دل بڑا کیا ہو۔ گھر میں ہاتھ، پیر پیر کو باندیاں چمٹی رہتی ہیں۔ ادھر منہ سے بات نکلی نہیں کہ ادھر پوری سمجھو۔۔۔ یہی حال بڑے سرکار کا تھا۔ اللہ بخشے، درجنوں باندیاں ہاتھ باندھے ٹکر ٹکر منہ تکا کرتیں چاہے کچھ کہو پرورش کار ئیسوں کے ہاں یہی طریقہ ہے۔

"نواب صاب جگ جگ جئیں، ڈیوڑھی اللہ پاک سلامت رکھے۔"

اور صمصام الدولہ خاندانی روایتوں کے قافلے کے ساتھ چل پڑے۔ قافلہ کی جلتی شمعوں نے راہ دکھائی۔

ایک دن نوبہار چوکیدار سے ہنس ہنس کے باتیں کر رہی تھی۔ کہیں نواب صاحب نے کوٹھے سے دیکھ لیا۔۔۔ کوچوان کو بلوا کے پچاس چابک لگوا دیئے نوبہار کے نرم و نازک بدن پر موٹی رسیوں کی طرح نیلی دھاریاں اُبھر آئیں یعنی کمینہ پن کی حد ہو گئی۔ رئیسوں کی مُنہ چڑھی باندی ایک ادنیٰ چوکیدار سے عشق لڑائے۔۔۔؟ کتنی بے عزتی ہے نواب صاحب کی۔

نوبہار حویلی کے پچھواڑے اپنی اندھیری کوٹھری میں شام تک ملگجا دوپٹہ منہ پر لپیٹے پڑی رہی، مسلسل ہچکیوں نے حلق میں پھندا لگا دیا تھا اور دوپٹہ آنسوؤں سے بھیگ کے چہرے پر چپک گیا تھا۔

کبھی کبھی مُسکرا کے دیکھنے، گھناؤنے اور گندے اشارے کرنے اور دنوں انجان بننے والے نواب سے اُسے شدید نفرت ہو گئی۔ نواب صاحب نے اُسے چھو کیا لیا جیسے زمین سے اُٹھا کے آسمان پر پہونچا دیا۔ مغرب کی اذان بھی ہو گئی مگر وہ منہ ڈھانکے، گھٹنے

پیٹ میں لگائے گٹھری بنی پڑی رہی اور جب گلشن نے آ کے اٹھایا تو وہ پھر پھوٹ پڑی ---- گلشن کی موٹی آنکھیں بھی بہہ نکلیں یہ حویلی تو ان کا مقبرہ بن گئی ہے۔ مزدہ روحیں باغ کی ویران روشوں پر بھٹکتی پھرتی ہیں۔ اُن کا کوئی غمخوار نہیں۔ کسی کو اُن سے ہمدردی نہیں۔ سارا دن سب ہی ڈانٹ ڈپٹ کے کام لیتے ہیں مگر کوئی ان کی ذرا سی مسکراہٹ کا روادار نہیں۔ اب یوں ہونٹ مسکرائیں تو دوسری بات ہے۔ دل سے کبھی وہ مسکراہٹ نہ اُبھری تھی ، بے ساختہ ، الّھڑ مسکراہٹ جو کسی پابندی سے نہیں رُک سکتی۔ وہ دل کی چاردیواری میں مقید---- نہ جانے کب کی دم توڑ چکی تھی۔ یہ پراسرار دیوڑھی، کہانیوں کا طلسماتی محل ہے جس میں نظر نہ آنے والے بھوت پریت آزادی سے گھومتے پھرتے ہیں۔

کبھی بڑی بیگم موڈ میں ہوتیں اور سوسوکنوں کو طعنے دینے اور قسمت کو کوسنے سے فرصت ملتی تو گھر کے سارے چھوٹے بڑوں میں بیٹھ کر بیوی " اگیٹ سمیٹ " کی کہانی سناتیں اور بچوں میں گڑ و تل کی نیاز بانٹ کر جاتیں کرنے بیٹھتیں تو رات گئے تک سب ان کے گرد جمع رہتے اور وہ اندھیرے میں حویلی کی کھڑکیوں میں جھانکتی پھرنے والی روح کے بارے میں بڑے رازدارانہ انداز میں بتاتیں کہ یہ روح ہمیشہ رات کو یونہی بھٹکتی پھرتی ہے ، سر سے پاؤں تک سفید لبادے میں لپٹی ہوئی روح ضرور کسی بزرگ کی ہے تب ہی آنگن سے عود کی لپیٹیں کمروں کے اندر آتی ہیں اور باغ میں مٹی کی ایسی سوندھی سوندھی خوشبو ہر طرف پھیل جاتی ہے جیسے خشک مٹی پر کسی نے پانی کا چھڑکاؤ کیا ہو۔ بڑی بیگم کا ایقان تھا کہ حویلی والے ، دین و ایمان ، سے پھر گئے ہیں تب ہی یہ روح اُن میں اس جذبہ کو بیدار کرنے اور بھٹک ہوئے مسافروں کو منزل کا پتہ بتانے آتی ہے۔

"کیا پتہ بند کوٹیں سے کوئی خبیث روح نکل آئی ہو۔" چھوٹی بیگم اچانک اندیشہ ظاہر

کرتیں۔

بڑی بیگم کی اندر دھنسی ہوئی آنکھیں کھڑکی بھر باہر اُبل پڑتیں اور ہاتھ میں پکڑے ہوئے سروتے کی دھار ڈلی کی بجائے کھٹ سے اُنگلی پر لگتی تو۔۔۔ بڑی بیگم تڑپ جاتیں ہر جمعرات کو بڑی بیگم کے ہاتھ سے باریک چاول کی مٹھیاں خیرات ہوتیں۔ مسجد میں گھی کا چراغ جلتا۔ گڑ تل معصوم بچوں میں تقسیم ہوتا اور وہ پورے خشوع و خضوع کے ساتھ سجدے میں گر جاتیں۔

"اے دکھیوں کا دُکھ دور کرنے والے! میرے دل کا گھاؤ بھر دے میں نے باندیوں کو مارا ضرور ہے مگر ان کے سوکنی دعووں سے جل کر، ان کی خطاؤں و گناہوں سے بھری ہوئی زندگی کو سزا دینے مگر اے دُعاؤں کو قبول کرنے والے اے گناہگاروں کو بخشنے والے میرا گناہ بخش دے۔۔۔"

اور مصلّے پر بیٹھے بیٹھے بڑی بیگم دونوں ہاتھوں کو گالوں پر زور زور سے مار کر توبہ کرتیں اور دونوں ہاتھوں سے کانوں کی لویں پکڑے دیر تک بیٹھی رہتیں ان کو اس کا پورا احساس تھا کہ نواب صاحب کی بے وفائیوں اور لاپروائیوں کا بدلہ انہوں نے ان باندیوں کو مار مار کے لیا تھا۔ یہی بے زبان جانیں تھیں جنھیں وہ ایک خالق کی طرح مارتی اور جلاتی تھیں۔۔۔ مومی گڑیاں جن کے سارے دھاگے بڑی بیگم کے ہاتھ میں تھے جس طرح چاہتیں نچاتیں۔۔۔

جاگیر داری ختم ہوگئی تو صمصام الدولہ کو آئے دن دل کے دورے پڑنے لگے۔ ہر وقت سینہ تان کے مضبوط قدموں سے چلنے والے جسم میں خمیاؤ پیدا ہو گیا تھا۔ حویلی کے اندر باہر تیز تیز آنے والے قدم تھک کے گاؤ تکیہ کا سہارا بن گئے مگر اب بھی نوابی آن نبھائے جاتے تھے۔ لوگ یہ نہ کہیں کہ سارا ٹھاٹ باٹ جاگیر کے بھروسے تھا۔ اب بھی

بسم اللہ و سالگرہ میں طوائفوں کے مجرے ہوا کرتے۔ منجھلی بیگم اور چھوٹی بیگم اب بھی خاندانی تقریبوں میں سو سے کم کا نوٹ نہ دیتی تھیں۔ کوئی منہ پھٹ بھری محفل میں یہ نہ کہہ دے کہ جاگیر داری کے خاتمہ نے نواب صاحب کی کمر توڑ دی۔

حویلی کا سارا کام کاج آج بھی پچیس آدمی مل کے کرتے تھے۔ باپ دادا کے زمانے کی مغلانیاں، بوائیں، ان کی لڑکیاں اور لے پالک لڑکے اتنے شاندار گھر کا انتظام سنبھالے ہوئے تھے اور پھر بھی کام نپٹا نہ تھا۔ رات گئے تک فرصت نہ ملتی۔

اب بھی رئیسوں کی دعوتیں بڑے کرّو فر سے ہوتیں۔ ظاہری شان میں رتی برابر فرق نہ آیا تھا جانے بڑے دالان میں رکھا ہوا سنگ مرمر کا تخت نواب صاحب نے کہاں رکھوا دیا تھا کہ جگہ خالی خالی بری لگنے لگی تھی حویلی میں جگہ جگہ راہ بھٹک ہوئے مسافروں کی طرح کھڑے ہوئے اسٹیچو منزل پا کے نہ جانے کہاں چلے گئے تھے۔ بڑی بیگم کو ماں باپ کے گھر سے لائے ہوئے سیروں وزنی زیوروں ایکدم چڑ ہو گئ تھی۔

بہت دن سے چھوٹی بیگم کے سچے موتیوں کا کنٹھا بھی ڈھونڈے نہ ملتا تھا۔۔۔ اس حویلی پر ضرور کسی آسیب نے قبضہ جما لیا ہے ورنہ یوں راتوں رات دیکھی ہوئی چیزیں گم ہو جائیں۔ کون یقین کرے گا۔

ظہور الامراء کی دیوڑھی کا قبالہ جب نواب صاحب کی حبیب سے چار کمان کے ایک مارواڑی کی حبیب میں منتقل ہو گیا تو چھوٹی بیگم کو گلے گلے پانی میں ڈوبے اپنے بچے نظر آئے۔ اُنھوں نے مٹھی بھر خاک اپنے ماں باپ کے نام پر ڈال دی اور رو رو کے اپنی مخمور آنکھیں سرخ بنا ڈالیں۔ کہنے کو تو لڑکوں کی جوان جان تھی مگر جاگیر داری کے بھرو سے پانچوں چھٹی جماعت سے آگے نہ بڑھے تھے۔

"اے لو رئیسوں کے بچے کہیں پڑھتے لکھتے ہیں۔ اجی یہ تو وہ کلموئے کریں جن کے

ماں باپ فقیر ہوں۔ جن کے دستر خوان پر خود ہی پچاسوں آدمی ٹکڑے توڑتے ہوں وہ کیا کسی کی نوکری کرے گا۔ بس اللہ رسول جان گئے تو جاہل ہونے سے بچ گئے۔ بہت ہوا آمد نامہ رٹ لیا، مولوی جی گلستان بوستاں معنوں سے پڑھا گئے۔ آگے تو بس نام اللہ کا ---۔ بڑی بیگم ہزاروں بار اپنی قیمتی رائے پیش کر چکی تھیں اور بچے اپنی سوتیلی ماں کے آگے سعادتمندی سے سر جھکاتے آتے تھے۔ ان کی بات ٹالنا بھڑوں سے بیر مول لینا تھا اور سچ پوچھا جائے تو علم کی شمع سے دامن جلانا کس کو منظور تھا۔

چنو نواب اور منو نواب نے جس رنگ میں نواب صاحب کو دیکھا اسی رنگ میں خود کو رنگ لیا۔ جاگیر داروں کے اس کول میں پڑھا۔ سب ہی ایک حمام کے ساتھی تھے۔ زبان کی ساری رنگینیاں حصہ میں آئی تھیں۔ بیمار ذہن سے جس مسئلہ پر سوچا اُسے بیمار بنا دیا۔ سترہ اُٹھارہ سال کی عمر میں سارے دنیاوی رموز سے ذہن آشنا ہو چکا تھا۔ گھر میں جہاں بھی روپے پیسے پڑے ہوتے دونوں کی جیب میں چلے جاتے۔ پھر ہر ماہ باقاعدہ جیب خرچ ملتا تھا---

مستقبل سے لاپرواہ دونوں ہاتھ میں ہاتھ دیئے جانے کن راہوں پر چلے جا رہے تھے۔ کچھ بھی ہوں، گھر بھر کے لاڈلے، آنکھوں کا تارہ بنے جگمگ چمکا کرتے بڑی بیگم، منجھلی بیگم اور چھوٹی بیگم ایک ساتھ اپنی ممتا وار کے رکھ دیتیں چاہے کسی کے ہاتھ کا چراغ ہوں گھر میں روشنی تو ہے۔

منجھلی بیگم اپنی چندھی آنکھیں سامنے دیوار پر گاڑے بے حس بیٹھی رہتیں بار بار جیسے وہ اپنے آپ سے پوچھتیں "یہ کیا ہو رہا ہے؟"، "یہ سب اچانک کیسے ہو گیا---؟ کیا اندھیر ہے۔ انگریزوں کے دیئے ہوئے عطیئے یہ پنچ بنئے چھین لیں اور کوئی زبان بھی نہ ہلائے---؟ کبھی کسی نے سنا کہ جاگیر بھی چھین جانے والی چیز ہے؟ اُئی---۔ انعام بھی

کسی نے واپسی مانگا ہے؟ ندیدے کہیں کے کبھی سات پشت میں کسی نے حکومت کی ہوتی تو پتہ چلتا۔ چمڑی جائے پر دمڑی نہ جائے۔ چڑیا کا سا دل لے کے حکومت کرنے چلے ہیں۔ توبہ۔۔۔" منجھلی بیگم ہونٹ لٹکائے، آنکھیں پھیلائے دیواروں کو یوں تکنے لگتیں جیسے اب دیوار اُن کے سارے ہیجانات کو تسلی دینے والا جواب ڈھونڈ نکالے گی۔

مگر بڑی بیگم کو صبر کہاں فوراًزخموں پر پھاہا رکھنے دوڑ تیں۔

"یہ سب قسمت کی بات ہے۔ ہمارے قدموں نے سونا بنایا مگر دیکھ لو ہر طرف خاک اُڑتی پھرتی ہے جو ہم نے کھایا پیا، پہنا، اوڑھا۔۔۔ وہ آج کسی کو نصیب نہیں۔ یہ تو عورت کا قدم ہے کسی کا پاک۔ کسی کا خاک۔۔۔

چھوٹی بیگم کلہ میں دبا ہوا پان زور زور سے چبانے لگتیں جیسے یہ پان نہیں بڑی بیگم کی زبان ہے، قینچی جیسی۔۔۔ جس کو چبا چبا کے وہ اُگالدان میں تھوک دیں گی

چھوٹی بیگم اوپر کوٹھے والے کمرے میں نواب صاحب کے ساتھ رہتیں۔

بڑی بیگم اس ضعیفی کے زمانے میں تیمار داری کرنے سے رہیں۔ منجھلی بیگم کو اپنی بیماریوں کے ناز اُٹھانے سے فرصت نہ ملتی۔ ان کی دانست میں ان کے ہر عضو پر ورم آگیا تھا۔ دل جگر و گردے تو بالکل ہی ناکارہ ہو گئے تھے۔

چھوٹی بیگم نواب صاحب کی تیمار داری کے بہانے ہر وقت ساتھ لگی پھرتیں باتوں باتوں میں دل جھانکنے کی کوشش کرتیں تو۔۔۔

نواب صاحب اٹھ کے بولائے بولائے سے برآمدے میں ٹہلنے لگتے۔ ہوں ہاں کر کے ٹال جاتے۔ اس وقت ان کے ماتھے کی ساری شکنیں اُبھر آتیں اور سرخ وسفید جلد کے نیچے چنگاریاں سی دوڑنے لگتیں تو چھوٹی بیگم دل مسوس کے رہ جاتیں۔

کیا مجبوری ہے مُنہ سے بات نکلی اور پرائی ہو گئی۔ ان سے اُن سے پوچھو تو بھرے

بازار میں جا کے بات بیچ آئیں۔ نواب صاحب سے پوچھا تو دبی چنگاریوں کو ہوا دینے کے برابر ہے اور کوئی سمجھانے والا نہیں۔

منشی جی سے پردہ کرتے عمر گذر گئی۔ اگر دروازہ کی آڑ میں کھڑے ہو کے کوئی بات پوچھی جائے تو گھر بھر اپنے کان کھڑے کر لے۔ ایک تو بڑی بیگم ہی تھیں جو ہر اچھے برے میں ہر وقت ٹانگ اڑانے کو تیار رہتیں۔ منجھلی بیگم تو اسی دن چھوٹی بیگم کی فاتحہ کر کے بیٹھ رہیں جس دن چھوٹی بیگم نے مہندی لگا پیر ڈیوڑھی میں رکھا۔۔۔ "اے غفور الرحیم۔۔۔ تو سب کی سننے والا ہے مجھ دکھیا کی بھی سن چھوٹی بیگم جان سے جئیں پر دل سے ہمیشہ بے چین رہیں جیسے نواب صاحب نے ہماری طرف پیٹھ موڑی ہے۔ اُن سے بھی منہ موڑلیں۔"

مگر یہ تو نوابوں کا وطیرہ رہا ہے جہاں زمین سے اُٹھا کے آسمان پر بٹھایا ہے، وہاں آسمان سے زمین پر پھینک بھی دیا ہے۔ یہ اور بات ہے کہ چھوٹی بیگم کی، ہری گود، کے احترام میں جائداد کا ایک ٹکڑا ان کے پھیلے آنچل میں ڈال دیں اور بچوں کے لئے گذارہ مقرر ہو جائے۔ چلو چھٹی ہوئی۔ فرض ادا ہو گیا کھاتی پیتی اوڑھتی پہنتی بیوی کو اور کس چیز کی ضرورت ہے؟

مرد چاہے باہر کچھ بھی کرے اس سے بیوی کو کیا مطلب۔۔۔؟

رہا گھر کی باندیوں پر نیت بدلانے کا سوال سو وہ حلال ہے، جو کھلائے پلائے، پہنائے جس کی مٹی سے بدن ڈھلے وہ خاک مالک پر سے قربان کر کے پھینک دینا بھی کوئی بڑی بات ہے۔۔۔؟ اور پھر ان نکٹی چپٹی، پنچ خاندان کی لونڈیوں کو پوچھتا ہی کون ہے جن کے باپ دادا کا پتہ ہی نہ ہو، ان سے کون رشتہ جوڑے۔۔۔ یہاں اتنی بڑی حویلی میں چھلیں کرتی پھرتی ہیں۔ اب یہ دوسری بات ہے کہ نافرمانی وعدول حکمی پر بڑی بیگم بھیگی بید سے

نصیحت کرنے بیٹھ جائیں یا سرکار کے اشارے پر کوچوان کبھی کبھار چابک دکھادے۔ اپنی اولاد پر انسان ہاتھ اُٹھاتا ہے اور ان کم ذاتوں پر تو صدیوں کے احسانات لدے ہیں۔ صمصام الدولہ دن بدن کمزور ہونے لگے جیسے اندر ہی کوئی نامعلوم جونک خون چوستی جا رہی ہو۔۔۔ ان کا سرخ چہرہ اترتی دھوپ کی طرح زرد ہوتا گیا۔ روز بڑی بیگم صدقہ اتارتیں۔۔۔ منجھلی بیگم پانی پر سینکڑوں وظیفے پڑھ پڑھ کے دم کرتیں۔ سیاہ مرغ ہر جمعرات کو سرہانے بند کر کے ساری رات گذرنے کے بعد صبح خیرات کیا جاتا۔۔۔ ہر رات مرشدوں، ملاؤں سے منگوائے ہوئے فلیتے جلا کے کمرے میں دھواں دیا جاتا۔ ڈاکٹروں حکیموں کے ساتھ ساتھ مرشد و ملاّ بھی روحانی تشخیص کرنے آتے۔ دوائیں منگوائی جاتیں، انجکشن لگائے جاتے۔ جھاڑ پھونک ہوتی مگر نواب صاحب ایک ہی حالت میں پڑے کہیں دور خلا میں تکا کرتے۔۔۔ خالی الذہن، کھوئے سے۔۔۔

جاگیرداری موت سے پہلے آخری تشیخ کا شکار تھی۔

اور جب یہ آخری حویلی بھی نیلام ہونے لگی۔ بار بار کار میں لگا لاوڈ اسپیکر چیخنے لگا، منشی جی دوڑے ہوئے زنانہ دروازہ پر آئے تو رو پڑے ان کی آواز کانپ کانپ گئی۔ مگر اب بیگمات بغیر سنے ہی سب کچھ جان گئیں یہ ایسی فلم تھی، جس کے شروع ہوتے ہی دیکھنے والا نتیجہ پر پہونچ جاتا تھا۔

وہ تینوں خوف زدہ سی ایسی ناؤ میں بیٹھی تھیں جس کے پتوار سیلاب کے زور میں بہہ چکے تھے۔ ان کو نہ طوفان کے کم ہونے کی امید تھی نہ ساحل پر پہونچنے کی۔۔۔ ہائے وہ حویلی جو بھنور میں پھنسی ناؤ کی طرح ڈوبتی جارہی تھی۔

اب کیا ہوگا؟ اب کیا ہوگا اس پاس کی حویلیوں میں سرگوشیاں شروع ہو گئیں۔ باہر لے پالک لڑکے ایک دوسرے کو دلاسہ دینے لگے۔ چند ہمدرد جمع ہو گئے۔

" آخر کیا بھی کیا جا سکتا تھا۔ اتنے بڑے گھرانے کو جہاں ہر مہینے ہزار ہا روپیہ ملتا تھا اب سہ ماہی مختصر گذرے پر یہ حویلی کہاں تک چل سکتی ہے۔ یہ روز روز کے بڑے خرچ کسی بھی کاٹ چھانٹ سے مختصر تھوڑا ہی ہو سکتے ہیں۔"

اتنے آن بان کے رکھ رکھاو میں کوئی کہاں تک ہاتھ کھنچے؟"

" مگر چھپا چھپا کے رکھا ہوا راز تو سرکار کی جان پر بن گیا۔"

" کبھی کسی پر ظاہر نہ کیا کہ حویلی پر اتنا قرضہ نکالا ہے"

"اور سچ پوچھو تو یہ حویلی اب ان کے سنبھالے نہ سنبھلتی تھی۔،"

"فقط بھرم تھا۔۔۔ بھرم"

" ہے ہے لاکھوں کی حویلی خاک ہوئی"

" جائداد تھی تو بچوں کا ارمان تھا اب بچوں کا کیا ہو گا؟"

" بچے تو پل ہی جائیں گے پر سرکار جیتی آنکھوں سے یہ بے عزتی نہ دیکھ سکیں گے۔"

باہر لاوڈا سپیکر صمصام الدولہ کی حویلی کے نیلام کا با آواز بلند اعلان کر رہا تھا اور اندر حویلی کا ہر زندہ وجود جیسے اپنی موت کا یقین دل میں لیئے سہما ہوا سراپا دھڑکن بن گیا تھا۔ صمصام الدولہ کے کانپتے لرزتے ہونٹ صبر وضبط کی شعوری کوششوں کے باوجود کراہ اٹھتے تو بیگمیں مارے اذیت کے دوہری ہو جاتیں۔ تھر تھراتے ہاتھ پیر اور کانپتے دل، کے ساتھ صمصام الدولہ عجیب وغریب کرب سے تڑپ اُٹھتے۔

یہ نیلام حویلی کا نیلام نہیں تھا۔ یہ نیلام صمصام الدولہ کی ساری قدیم روایات کا نیلام تھا۔ ان کی عزت، وقار اور آن بان کا نیلام تھا۔

لالہ چھنو مل جو انھیں دور سے آتا دیکھ کر فرشی سلام کے لئے دوہرا ہو جاتا تھا آج

ان کی حویلی نیلام کرنے آیا تھا۔ بے راہ روی کی اتنی بڑی سزا کے لئے وہ تیار نہ تھے۔ ان کے سامنے نظریں جھکائے گھنٹوں کھڑا رہنے والا لالہ آج حویلی کی ایک ایک اینٹ کی قیمت لگا رہا تھا۔ وہ ساری کاروائیاں کر کر کے ہار گئے تھے۔ یہ دن نہ دیکھنے کے لئے وہ کس قدر پریشان سے بولائے ہوئے گھومتے رہے مگر لالہ نے بھی ہزاروں روپیہ یونہی نہ دیا تھا۔ وہ سارے طریقے وگر اس کے پاس بھی موجود تھے جن سے بنایا ہوا پھندا نواب صاحب کے گلے میں ٹھیک بیٹھتا تھا۔

جب آخری بولی ختم ہوگئی تو حویلی پر موت کا سناٹا چھا گیا۔ باغ میں ہر طرف سوکھی پتیاں ہوا کے جھونکوں پر سوار کھڑ کھڑاتی پھر رہی تھیں۔

ناریل کے پتے ایک دوسرے سے رگڑ کھا کے شور مچانے لگے تو دردناک نوحے کی لے پھوٹ نکلی۔۔۔ ستونوں پر عشق پیچاں کی بیلوں کی ننھی منی لچکیلی ناتوان ڈالیاں کسی بیراگن کی پریشان لٹوں کی طرح ادھر ادھر پھیلی پڑی تھیں اور چمگادڑیں صبح سویرے ہی سے پر پھڑپھڑا کر برآمدے کے آگے جھکے ہوئے سائبان میں لٹک گئی تھیں۔

اور گلشن کو برآمدے میں لٹکی ہوئی چمگادڑ دیکھ کے صمصام الدولہ کا خیال آیا، یوں لگا جیسے لالہ چھنّو مل نے بھی نواب صاحب کو چمگادڑ کی طرح حویلی کی چھت سے الٹا لٹکا دیا ہے۔

بڑی بیگم کہا کرتی ہیں شاید بد روحوں کو اللہ پاک نے چمگادڑ بنا کے عمر بھر کے لئے الٹا دیا ہے۔

کیا پتہ نواب صاحب کب تک یونہی لٹکے رہیں گے؟

(۷) ایر کنڈیشنڈ

سرمئی بادلوں نے ایک حسین شام کو تخلیق کیا تھا۔

حامد روڈ پر گہما گہمی، ریل پیل، حسن، دلفریبی، چمک دمک قہقہے اور سرگوشیاں بہہ رہی تھیں۔ مگر وہ ایر کنڈیشنڈ " رانی ایمپوریم " میں کاؤنٹر پر کھڑی بند دروازوں کے شیشوں سے باہر دیکھ رہی تھی۔ سامنے "میکس فیکٹر،" کے میک آپ کا سامان رکھا ہوا تھا جس پر ابھی نمبر ڈالنا رہ گیا تھا سر جھکائے کسی کسٹمر کا بل بنا رہی تھی اور پر دپرائٹر صاحب اپنی، چیل کی طرح تیز اور متجسس نظروں سے اور پر شوکیس کا جائزہ لے رہے تھے۔ پر بھانے پلٹ کر اس کی طرف دیکھا جس کا مطلب یہ تھا کہ اب پروپرائٹر حسد اللہ خاں ضرور کسی بات پر دیر تک بکواس کریں گے۔ اس نے فوراً خطرے کو محسوس کیا اور نہایت انہماک سے نمبر ڈالنے لگی۔

ایک انتہائی خوبصورت شام گذر رہی تھی اور مگر نمبر لکھنے، بل بنانے اور ہر گاہک سے زبردستی خندہ پیشانی سے پیش آنے میں وقت گذرا جا رہا تھا کاؤنٹر پر کھڑ کھڑے اور شاپ میں دوڑتے دوڑتے اس کی ٹانگیں دکھنے لگتیں تو وہ گھڑی بھر کو اسٹول کھینچ کے ٹک جاتی مگر پروپرائٹر تو سب کو بیل سمجھتا تھا۔ کسٹمر نہ آئے تو اس کے یہ معنی تھوڑا ہی ہیں کہ آپ گھڑی بھر دم لے سکتے ہیں۔ کچھ نہیں تو اسٹور روم میں پڑے ہوئے خالی ڈبے، اون کی پلاسٹک کی تھیلیاں اور گھانس پھوس ہی اپنی نگرانی میں اٹھوائے۔ نئی چیزوں پر نمبر ڈالئے۔ کچھ کیجئے مگر بیٹھنے کی جرأت نہ کیجئے اور پروپرائٹر کی موجودگی میں ہر وقت ڈانٹ

ڈپٹ سننے کے موڈ میں رہیئے۔ ہر وقت کی ہدایتوں سے الگ ناک میں دم۔۔۔

شیشے سے نظر آنے والی دنیا اس کی زندگی سے الگ ہو گئی تھی۔ اس نے اپنے چھوٹے سے باغ میں پھولوں کے لاتعداد پودے لگائے تھے مگر اس نے پھولوں کو مسکراتے بہت کم دیکھا تھا۔ منی پلانٹ کی نازک سبز ڈالیاں دیواروں پر لگے ہوئے وازیز سے نیچے لٹکے آئی تھیں۔ مگر ان کو ہوا کے جھونکوں میں جھومتے دیکھنے کا اس کو ارمان رہ گیا تھا۔ رنگین پردے خالی گھر میں لہرا لہرا کر اس کو آواز دیتے مگر وہ ان سے دور کسی گاہک سے مسکرا کے پوچھتی:

"کیا چاہیئے آپ کو؟"

کون تھا جو یہ پوچھتا کہ وہ کیا چاہتی ہے۔ صبح 9 بجے سے شام کے 9 بجے تک شوکیس میں رہنے والی گڑیا کی طرح شیشے کی چار دیواری میں مقید ہو کے رہ جاتی ہے اور بارہ گھنٹے مسلسل کام کرنے کی قیمت صرف سو روپے تھی۔

آخر اس نے یہاں کام کرنا کیوں پسند کیا؟ کیوں؟

اس نے ہزاروں بار یہ سوال اپنے آپ سے پوچھا تھا اور اس کے جواب میں اُلجھے ہوئے دھاگے کی طرح اتنے جواب ذہن میں اُبھرے کہ وہ پھر گھبرا کے شوکیس میں نئی نئی چیزیں رکھنے میں مصروف ہو جاتی یا کوئی نہ کوئی گاہک اس کی توجہ اپنی طرف کھینچ لیتا۔

ایک اچھی خوشگوار زندگی گذارنے کی تمنا کب کی جوان ہو چکی تھی اور مخصوص آمدنی میں وہ سارے خواب حقیقت میں نہ ڈھل پاتے تھے جو وہ بچپن سے دیکھتی آئی تھی جو اس کو مسلسل گدگداتے آئے تھے۔

اپنی زندگی کا معیار برقرار رکھنے کی قیمت یہ ادا کرنی پڑی تھی کہ وہ اپنے آپ کو ماضی کی ایک چیز سمجھنے لگی تھی۔ چار پیسے کمانے کی دھن تھی مگر وہ کوشش بھی کامیاب نہیں

ہوتی تھی۔ پھر بھی اس کی چھوٹی چھوٹی لڑکیاں آیا کے ساتھ ایک بڑھیا اسکول پڑھنے جاتیں، خوبصورت رنگین فراک اور قیمتی ربن باندھتی تھیں اس کا گھر جس کو اس نے اپنی ضروریات کا گلا گھونٹ کے بڑی خوبصورتی سے سجایا تھا۔ محلے والے اس گھرانے کو ایک متمول گھرانہ سمجھتے تھے کسی کو کچھ پتہ نہ تھا کہ اس گھرانے کو اونچائی پر پہونچانے کے لئے گھر کے افراد نے کتنی پستیوں کو قبول کیا ہے ننھے منے بچوں کے مستقبل کے لئے کتنی بڑی قربانی دی گئی ہے۔ اس کا حال کسی کو معلوم نہ تھا، بچے اس چیز کو سمجھ سکتے تھے۔

اُس نے پھر نظر بھر کے باہر دیکھا۔ اب سڑکوں کے بلب روشن ہو چکے تھے اور نوجوان جوڑے ہاتھوں میں ہاتھ دیئے گھوم رہے تھے۔

کاش وہ بھی ایسی شام میں اپنے شوہر اور بچوں کے ساتھ رونقوں کے اژدہام میں کھو جاتی۔۔۔کاش۔

سامنے ایک خوبصورت سا جوڑا نہ جانے اس سے کیا پوچھنا چاہتا تھا۔ پربھا نے ایک بار اس کو چونکانے والے انداز میں دیکھا۔ پھر خود بڑھ کے اُن سے باتیں کرنے لگی۔ اور جب وہ دونوں ٹائیلٹ بکس خرید کے چلے گئے تو پروپرائٹر حسد اللہ خاں کی کرخت آواز شیشوں سے ٹکرا کر عجیب وحشتناک طریقہ گونجی۔

"اجی جناب! دوکان چلانا آسان کام نہیں ہے۔" اس نے سر اُٹھا کے دیکھا وہ پربھا سے مخاطب تھے اور پربھا معصوم فاختہ کی طرح سہمی ہوئی نظروں سے اس دبلے پتلے منحنی سے انسان کو دیکھ رہی تھی جو خاندانی نواب تھا اور جس نے شہر میں ایر کنڈیشنڈ رانی ایمپوریم کھولا تھا اور صبح دوپہر، شام تینوں وقت وہ اپنے شہر بھر میں واحد ایر کنڈیشنڈ رانی ایمپوریم کی تعریف کرنا نہ بھولتا تھا جس کو اپنے نام کے ساتھ نواب لکھنے میں اب بھی ذہنی لذت ملتی تھی آج بھی دکان میں بیٹھ کے ایک دوست سے دوسرے دوست کی مذمت

کرتا تھا۔ آج بھی نوابوں جاگیرداروں کے آگے ہاتھ باندھے گھومتا تھا۔

"آپ پہلے کسٹمر کو فالو کیجئے۔ اس طرح تو دکان بیٹھ جائے گی۔ اجی آپ تو جھونپڑے میں پیدا ہوئی ہیں۔ آپ کیا جانیں ان نازک اور بڑھیا چیزوں کو۔ چھوٹی چھوٹی چیزیں بھی چالیس پینتالیس سے کم کی نہیں ہیں اور سنیئے آپ مکس فیکٹر کے فیس پاؤڈر اور لپ اسٹک دیتے وقت کافی احتیاط سے کام لیجئے۔ ان کو آپ نے استعمال کرنا تو کجا، دیکھا بھی نہ ہو گا۔ ایں۔۔۔؟" اس نے طنز کیا۔ پربھا کی آنکھوں میں شاید آنسو ہی تھے۔

جب نواب صاحب چلے گئے تو پربھا اپنا اسٹول قریب لے آئی اور یوں چپ چاپ بیٹھ گئی جیسے دل میں اُٹھنے والے جذبات کے طوفان کا ساتھ الفاظ نہ دے سکتے ہوں۔ کچھ کہنے کی کوشش میں صرف ہونٹ کانپ رہے تھے اور بھیگی ہوئی پلکیں بار بار سوچنے کے انداز میں جھپک رہی تھیں۔

"روٹی نہیں کھاؤ گی؟" اس نے پربھا کی طرف دیکھے بغیر پوچھا۔

"نہیں"۔۔۔ پربھا نے بمشکل الفاظ ادا کئے۔

دیر سے باندھا ہوا بند ٹوٹ گیا اور آنسوؤں کے گرم قطرے گالوں پر بہنے لگے۔

"پگلی ہے۔۔۔ بالکل پگلی" بابو اپنے کاؤنٹر پر سے بولا۔

ہاں بھیا۔۔۔ میں پگلی ہوں۔ کیونکہ یہاں میرا کوئی نہیں ہے۔ تمہیں معلوم ہے؟ اس سال فیل ہو جانے کی وجہ ہاسٹل سے بھی جواب مل گیا۔ ماں باپ دیہات کے کچے گھر میں پڑے ہیں اور میں یہاں محنت کر کے بھی بھکاری کی طرح ذلیل ہوں۔ اور یہ پروپرائٹر کو معلوم ہے کہ میں مجبور ہوں۔ اگر یہاں سے چلی جاؤں تو بھوکوں مر جاؤں۔ بس اتنی سی بات پر وہ مجھے مسلسل نشانہ بنائے جاتا ہے کیا میں اتنی نادان ہوں کہ اس کی طعنوں بھری باتیں نہ سمجھ سکوں اگر میں نے کبھی میک آپ نہیں کیا تو کیا میں پڑھی لکھی ہونے

کے باوجود دوکان میں رکھی ہوئی چیزوں کے ساتھ احتیاط نہیں برت سکتی۔ ان کی قیمت و نزاکت کو نہیں سمجھ سکتی؟ بچپن سے میں شہر میں رہتی آئی ہوں۔ مشن کے اسکول میں رہ کر میں نے تعلیم حاصل کی ہے۔ ہر قسم کی سوسائٹی میں اُٹھی بیٹھی ہوں مگر اس کو میرے دیہاتی ماں باپ کا حال معلوم ہے۔ میرے کچے بوسیدہ مکان کا علم ہے اور اس دکھتی رگ پر بار بار ہاتھ رکھ کے وہ خوش ہوتا ہے۔

اور یہ نوابی ذلالت اُسے کبھی اچھا بزنس مین بنا سکے گی۔۔۔ کبھی نہیں۔" پربھا نے یقین کے ساتھ سر ہلایا۔ اور آنسو پونچھ کر اسٹور روم میں چلی گئی۔

وہ بت بنی اسٹول پر بیٹھی رہی، اس کو پتہ بھی نہ تھا کہ اس ننھی منی فاختہ کے دل میں آتش فشاں چھپا ہوا ہے جو آنکھیں جھپکا کے معصوم باتیں کرتی تھی۔ اور ہر کڑوی بات کو مسکرا کے ٹال جاتی تھی جس کے متعلق سب کو معلوم تھا کہ موم ہے۔۔۔ بالکل موم کہیں آگ کی چنگاری کی گنجائش نہیں مگر آج پربھا اچانک موم بتی کی طرح جل اٹھی تھی۔

اس کی بچیاں اسکول سے آئیں گی۔ اور اس کو گھر میں نہ پا کر حسب عادت روئیں گی۔ ضد کریں گی۔ اور آیا ان کو سمجھاتے بجھاتے میں اچانک جھنجھلا جائے گی پانچ بجے اس کا شوہر گھر آئے گا۔ کچھ دیر بچوں کے ساتھ گذار کے اکیلا ہی چائے پئے گا۔ اور رات دیر گئے تک اس کے انتظار میں بغیر کھانا کھائے بیٹھا رہے گا جب وہ تھکی ماندی گھر آئے گی تو اس کی مسکراہٹ کے جواب میں بسور کر رہ جائے گی ضد کر کے سو جانے والی بچیوں کو پیار کر کے کھانے کی میز پر آ بیٹھے گی اور کھانے کے بعد پلنگ پر پڑ رہے گی۔

رات دن کا ایک مقررہ چکر تھا جو برابر چل رہا تھا۔ اتوار کے دن پچھلے چھ دنوں کی تھکن بوجھ بن کر اس پر سوار ہو جاتی اور اُس دن اس کا جی چاہتا کوئی اس کے پاس نہ آئے۔ کوئی اس سے ملنے کی زحمت نہ اُٹھائے۔ بس وہ چپ چاپ آنکھیں بند کئے پڑی

رہے۔

کوئی اچھا شعر سن کر اس پر سر دھننے کی فرصت نہ ملتی۔ شاید ہفتوں گذر گئے تھے کہ اس نے کسی اخبار کو چھوا تھا۔ کسی پرچے کو ہاتھ نہ لگایا تھا۔ دن بہ دن سارے لطیف جذبے سنگ ریزوں میں تبدیل ہو رہے تھے اور قہقہے لگانے، لطیفے سنانے، ہنسنے ہنسانے کی عادت چھوٹتی جارہی تھی۔ دوستوں رشتہ داروں اور جان پہچان والوں کے خطوط آئے پڑے رہتے اور وہ خط لکھنے کے معاملہ کو آج اور کل پر ٹالتی رہتی۔ وہ کتنی سوشل اور ملنسار تھی مگر اب وہ محسوس کرتی تھی کہ رفتہ رفتہ اس کی ہر عادت ماضی بنتی جارہی تھی وہ کیسی عورت ہے جو مستقبل کے اندھیرے میں ماضی کی روشنی سے کام لیتی ہے۔ جو زندگی کے ان روندے ہوئے لمحوں میں، ماضی کے خوشگوار لمحوں کا تصور گھول کے خوش ہو جاتی ہے۔

دوسرے دن اُس پر اُداسی کی اوس تھی۔ اور وہ صبح صبح پروپرائٹر کو گڈ مارننگ سر کہہ کے اسٹور روم میں اپنا کوٹ اور پرس رکھنے گئی تو باہر سے آنے والی آوازوں نے اُسے سمجھایا کہ حسد اللہ خاں منیجر کو ڈانٹ رہے ہیں منیجر صاحب تو سراپا شفقت تھے۔ ان لوگوں کو ہمیشہ پیاری بچیو کہہ کے مخاطب کرتے ہر بات میں نرمی و مٹھاس تھی۔ بولتے بہت کم۔۔۔ اور جو بھی بولتے اس انداز میں جیسے کوئی خاندان کا بڑا اور بزرگ ہو منیجر تو کبھی نہ لگتے مگر حسد اللہ خاں نے ان کا بھی ناطقہ تنگ کر رکھا تھا۔ وہ کبھی اعلیٰ عہدہ پر فائز تھے اور اب ان کو پنشن ملتی تھی جو کبھی حکم دیا کرتے تھے اب ڈانٹ ڈپٹ سن کے حیران تھے۔ دنیا بھی کیسے کیسے جھکولے دیتی ہے۔ کہاں تو لوگ "سر" کہتے تھے اور کہاں وہ اب بد دماغ نواب کو جھک کر سلام کرتے تھے۔ بُری بھلی سن کے صبر کے ساتھ برداشت کر جاتے مگر وہ جانتی تھی کہ جب جھک کے پروپرائٹر کو سلام کرتے ہیں تو ماضی کا تازیانہ

کھٹ سے ان کی کمر پر پڑتا ہے اور ہو کر اہ کے رہ جاتے ہیں۔ یہ بات تو صرف وہی سمجھتی تھی۔ ممکن ہے کہ حسد اللہ خاں بھی سمجھتا ہو مگر ہمدردی کی جگہ غصہ اور خلوص کی جگہ لعن تو نوابی خصوصیات میں شامل ہے۔

اسی لئے تو جب بھی اماں کے سامنے جاگیر داروں کا ذکر آتا ہے وہ منہ بنا لیتیں۔ "مجھے تو اب رتی برابر موئے جاگیر داروں پر افسوس نہیں ہوتا۔ کانٹے بونے والے، میٹھے رس بھرے آموں کی آس لگائیں تو ان بے وقوفوں کو اللہ تعالی کہاں سے آم کھلائے گا۔ میں تو، اللہ جانتا ہے دوزخ جنت کی قائل ہی نہیں ہوں اپنے کرموں کا بھوگ اسی جنم میں مل جاتا ہے سو مل رہا ہے۔ کون سا ظلم تھا جو جو اپنوں نے نہیں ڈھایا۔ کون سی سزا تھی جو یہ دیتے ڈرتے تھے۔ عیاشی، جوا، ناچ رنگ تو معمولی مشغلے تھے۔ اب بھی ان ظالموں کا جو دو وقت حلق بھیگتا ہے تو اللہ کا احسان ہے --- دیکھتے ہی دیکھتے ڈیوڑھیاں موٹریں، گھوڑے، گاڑیاں، نوابی ٹھاٹ سب رخصت ہو گئے جنھوں نے موٹر سے نیچے قدم نہ رکھا تھا آج پیدل گلیاں ناپتے مارے مارے پھرتے ہیں مگر کوئی نہیں پوچھتا کہ میاں تم کیا ہے کیا بن گئے۔ میں تو جانوں یہ سب اپنے کئے کی سزا ہے"۔ وہ ہمیشہ اماں کی اس تنگ نظری پر چڑ جاتی۔ کیا بُری عادت ہے اماں کی۔ جب دیکھو ہمسایوں میں گھری ان کی اُن کی باتیں پیٹھ پیچھے برائیاں کرنے بیٹھ جاتیں ہیں مگر اب تو اماں بھی اس کو حقیقت پسند نظر آنے لگی تھیں۔ کچھ ونٹر پر آگئی۔

"پربھا--- !" حسد اللہ خاں نے آواز دی تو پربھا ناولٹی بک اور پنسل اس کے ہاتھ میں تھما کے بے دلی سے چلی گئی۔

"کل آپ نے لیڈیز پرس کتنے میں دی تھی---؟"

"جی شاید ستر ہ روپے اور اسی نئے پیسے۔" وہ سوچتی ہوئی بوئی۔

"آپ کو یقین سے کہنا چاہئیے۔" طنزیہ مسکراہٹ میں سوکھے مارے ہونٹ بھیگ رہے تھے۔

"دیکھئے نا۔۔۔ میں نے بل بنایا ہے اسی میں لکھا ہے۔"

"تم دیکھو بابو۔۔۔ انھوں نے اپنے پسندیدہ مہرہ کو حکم دیا۔"

اور وہ لکیر کا فقیر جوان کے ہر اشارے پر دوہرا ہو جاتا تھا جس نے کوئی تعلیمی ڈگری حاصل نہ کی تھی جس کے پاس حسد اللہ خاں کے ساتھ رہ کے جی حضوری کی قابلیت تھی جو بہت خوشی سے اپنے لئے حسد اللہ خاں کے منہ سے کڑوی کسیلی باتیں قبول کر سکتا تھا۔ جس کا کھانا پینا دہی چلاتے تھے اور وہ بھی سمجھتا تھا کہ اس کے پاس کوئی تعلیمی قابلیت نہیں ہے اور صرف پروپرائٹر کے آگے پیچھے گھومنے ہی میں اور دل پر چڑھے رہنے ہی میں عافیت ہے۔ سارا کیش بابو کے ہاتھ میں ہی تو رہتا تھا اور اس سے باآسانی اندازہ لگایا جا سکتا تھا کہ وہ واقعی حسد اللہ خاں کا سیدھا بازو ہے۔

"جی سترہ روپے نو دپیسے ہیں سر" بابو نے اطلاع دی۔

"ہوں ۔۔۔ ادھر آؤ پربھا۔۔۔" پربھا نے اس کی آنکھوں میں آنکھیں ڈال کے یوں دیکھا جیسے کہہ رہی ہو، دیکھا تم نے اس نواب کے بچے کو۔۔۔؟

بات کا بتنگڑ بنانا کیسے آتا ہے۔ بھلا ریکارڈ رکھنے کے بعد زبانی یاد رکھنے کی کیا ضرورت تھی۔؟ اس نے آنکھیں اٹھا کے دیکھا۔ وہ حسد اللہ خاں کے سامنے بے جان کھڑی تھی۔

"آپ کی عمر کیا ہے؟"

"سترہ سال"

"سترہ سال کی عمر اور اس قدر کمزور حافظہ؟" اس نے تعجب سے پربھا کو دیکھا۔۔۔ اگر یہی حال رہا تو تیس بتیس برس کی عمر میں تو کچھ بھی یاد نہ رہے گا بلکہ میں یہاں

تک کہوں گا کہ آپ اپنے شوہر کو بھی پہچان نہ سکیں گی۔ کیوں ٹھیک ہے نا۔۔۔" اس نے اپنی چندھی آنکھوں کو طوطے کی طرح عجیب انداز میں گھمایا اس نے لاحول بھیج کے پھر باہر نظر دوڑائی۔ کتنی چھوٹی اور پیچ طبیعت کا ہے یہ نواب زادہ۔

وہ کھڑی کھڑی حسد اللہ خاں کے اس ایر کنڈیشنڈ رانی امپوریم کے متعلق سوچتی رہی۔

وہ دکان جو شہر کی واحد ایر کنڈیشنڈ دکان ہے جس کو ایک نواب نے کھولا ہے جس میں کام کرنے والی لڑکیاں فضول کی بکواس لعن طعن اور ذاتیات پر راست حملوں سے تنگ آ کے چلی جاتی ہیں جو بد تمیزی و بیہودگی کی تاب نہ لا کے نکل جاتی ہیں جو ایک مہینہ بھی ٹک کے کام نہیں کر پاتیں۔ پھر نئی نئی لڑکیاں دوکان میں آئے ہوئے نئے سامان کی طرح کاؤنٹروں پر نظر آتی ہیں۔۔۔ منیجر صاحب اور بابو کے سوا کوئی نہیں جانتا کہ آخر اس دوکان میں کام کرنے کے لئے خوش خوش آنے والی، اپنی زندگی کو سنوارنے اور تابناک مستقبل کے لئے محنت کرنے کی تمنائیں ساتھ لانے والی لڑکیاں چند ہی دنوں میں چہرے پر بیزارگی مایوسی، اور نفرت کے نہ مٹنے والے نقوش لئے کیوں خاموشی سے چل دیتی ہیں پھر اخباروں میں "سیلز گرل" کی ضرورت کا اشتہار بار بار چھپتا اور لوگ ایک دوسرے سے پوچھتے ہیں۔

"ارے ابھی نواب صاحب نے پرسوں ہی تو ایک بڑی اسمارٹ سی لڑکی کو ملازم رکھا تھا اور دو لڑکیاں بھی تو تھیں۔ کیا سب کی سب چلی گئیں؟"

"چلی گئی ہوں گی"۔۔۔ اجی بات یہ ہے کہ خداوند قدوس نے سب کو تو مٹی اور پانی سے بنایا ہے مگر نواب کے لئے تو صرف آگ ہی میسر آ سکی" آہاہا۔۔۔ ہی ہی ہی"

اور کمال تو یہ ہے کہ وہ اپنی اس شاندار دوکان کے لئے اونچے خاندان کی لڑکیوں کو

رکھنا چاہتے ہیں تا کہ دوکان میں آئے ہوئے رئیسوں سے پورے آداب وایٹی کیٹ کا لحاظ رکھا جاسکے۔"

"مگر وہ یہ کیوں نہیں سمجھتے کہ خاص تعلیم یافتہ اونچے خاندان کہ لڑکیاں ان کی بدزبانی، ہر وقت ٹھکار کو خاطر میں کیوں لانے چلیں؟" بھئی نواب آدمی ہے تنخواہ کو محنت کاصلہ سمجھنے کی بجائے احسان سمجھتا ہے اور اس کے عوض خود کو سب کچھ کہنے کا مجاز سمجھتا ہے۔"

حسد اللہ خاں لوگوں کی ان باتوں پس پشت ڈال کے کھلم کھلا دوکان میں کہتا تھا۔" ارے صاحب میرے دشمن تو یہ چاہتے ہیں کہ یہ دوکان بیٹھ جائے۔یہ واحد ایر کنڈیشنڈ ایمپوریم ہے جو اپنے نوادرات کے لئے مشہور ہے۔جو عجیب وغریب قیمتی تحفوں کا مرکز ہے بند ہو جائے۔لوگ مجھ سے جلتے ہیں کیونکہ میری شاپ میں ایسی چیزیں ملتی ہیں، ایسے تحفے دستیاب ہوتے ہیں جو کسی دوکان میں نظر نہیں آتے مگر یہ یاد رکھئے نواب حسد اللہ خاں اتنی آسانی سے ہار ماننے والا نہیں ہے۔کوئی دوکان میں کام نہ کرے گا تب بھی یہ دوکان بند نہیں ہوسکتی میری بیوی بچے دوکان چلائیں گے۔سمجھے آپ لوگ۔۔۔؟"

اور دوست احباب صوفوں پر اس کے ساتھ بیٹھے ہاں میں ہاں ملاتے! تیسرے دن بھی وہ اُداس تھی اس کے اندر عجیب سی تڑپ تھی جیسے بار بار کوئی اس کے کانوں میں کہتا" یہ تمہارے بس کا کام نہیں "اسے چھوڑ دو۔اسے چھوڑ دو" اور ہر بار وہ زیادہ یقین کے ساتھ سوچتی سچ مچ وہ یہ کام نہ کر سکے گی۔

صبح سویرے جب سورج کی شوخ کرنیں ڈیلیا کے پھولوں کا منہ چومنے آتیں جب جرمینیا کے سر جھکائے پھول آہستہ آہستہ مسکرانے لگتے۔جب ڈیزیز کے ننھے منے نیلے

اور سفید پھول اپنی شادابی و رنگینی بکھیرنے لگتے اور بلو بلس کے اودے پھولوں سے شبنم کے قطرے زمین پر خوشی کے آنسوؤں کی طرح گرتے جب زرد و سرخ گلاب گردن اٹھا کے کھڑکی سے جھانکتے اور منی پلانٹ کی نازک نازک پتلی ڈالیاں ہاتھ ہلا ہلا کے اس کو بلاتیں تو وہ ان سب کی باتیں سنی ان سنی کر کے اپنی ساڑی پر استری کرنے، بچیوں کو اسکول بھیجنے اور شوہر کا ناشتہ چائے دینے میں اتنی منہمک ہو جاتی کہ خوبصورتی پر جان دینے والی شاعرانہ حس نہ جانے کہاں سو جاتی۔۔۔

اور جب وہ واپس آتی تو دنیا کے سارے ہنگامے تھک کے سو جاتے۔ گلدانوں میں رکھے ہوئے سرخ پھول اونگھتے ہوئے معلوم ہوتے۔ درو دیوار دم بخود سوچتے ہوئے دکھائی دیتے۔ بچوں سے باتیں کرنے اور ان کی معصوم چھوٹی چھوٹی شرارتیں دیکھنے اور ڈانٹنے کو جی چاہتا۔ ادھر ادھر کے لطیفے سنانے وہنسانے کو بھی جی چاہتا۔ وہ قہقہے جو دل سے اٹھتے ہیں تب فضا میں لاتعداد چاندی کی گھنٹیاں سی بجنے لگتی ہیں۔

مگر کی میز پر بیٹھا انتظار کرتا۔

"یہ تو زندگی کے ساتھ ظلم ہے۔" اس کا شوہر بڑبڑاتا۔

بچے کبھی بیمار ہو گئے تو۔۔۔؟ تب کیا ہوگا۔ تمہیں یاد کریں گے، روئیں گے اور بچہ تو کبھی ماں کے بغیر دکھ درد میں ایک پل نہیں رہ سکتا۔

یہ بھی نہیں کہ چار بجے لوٹ آؤ۔۔۔ یہ تو قید بامشقت ہے یہ نوکری تو وہ کرے جو لاوارث ہو جس کا ٹھور ٹھکانہ نہ ہو۔ سمجھیں۔۔۔؟

وہ اس کی آنکھیں ڈال کے مسکراتا تو اس کا جی چاہتا ساری زندگی پر، یہ حسین مسکراہٹ چھائی رہے۔

"انسان محنت کیوں کرتا ہے؟" اپنی زندگی کو خوشگوار اور جینے کے قابل بنانے کے

لئے مگر ہم تو۔۔۔ کہتے کہتے وہ رک جاتا۔

"یہاں آیئے۔۔۔" حسد اللہ خاں نے یقیناً اسے مخاطب کیا تھا۔ وہ جلدی سے ان کی طرف بڑھی۔

دیکھئے آپ کو چاہئیے تھا کہ آپ صبح لئے گئے سامان پر نمبر ڈالتیں اور قیمت لکھتیں مگر ابھی تک سامان اسٹور روم میں پڑا ہے۔"

"مگر سر۔۔۔ سامان کی قیمتوں والی لسٹ بابو کے پاس رہتی ہے اور وہی ہمیشہ سامان پر قیمتیں درج کرتے ہیں۔"

"آپ مجھ سے بحث مت کیجئے۔ جتنا میں کہتا ہوں، وہ کیجئے۔"

وہ دیا سلائی دکھائے گئے پٹاخے کی طرح گرجے۔

"میں نے تو بحث نہیں کی۔۔۔ آپ نے جو بھی پوچھا۔۔۔"

"آپ کو معلوم ہے، میں کس خاندان کا آدمی ہوں۔؟" وہ انتہائی کمینہ پن پر اتر آئے۔

"میں بھی بہت اونچے خاندان سے ہوں مگر دوکان کے کام کاج میں خاندان کا کوئی سوال نہ آنا چاہئیے۔۔۔" وہ بہت اطمینان سے بولی۔

"کیوں نہیں۔۔۔ اب یہی پر بھا ہے۔۔۔ اس قدر۔۔۔"

آپ پہلے عورتوں سے بات کرنے کا طریقہ سیکھئے۔ خلوص و ہمدردی محنت کرنے والوں کا دل بڑھاتی ہے۔ اس نے قہر آلود نگاہوں سے حسد اللہ خان کو گھورا پر بھا سناٹے میں آگئی اور بابو اس کو یوں دیکھنے لگا جیسے وہ کوئی سنسنی خیز فلم ہے۔ نواب ایک دم بھونچکا رہ گیا۔

"مگر میں نے تو آپ کو کچھ نہیں کہا"۔ لہجہ میں نرمی آگئی تھی۔

"میں یہاں کام نہیں کر سکتی"۔ یہ دیکھئے میرا کوٹ اور پرس"

"آپ کو یہ سب بتانے کی کیا ضرورت ہے۔ آپ سن رہی ہیں؟ میں کیا کہہ رہا ہوں"۔

"یس سر"۔ وہ بولی اور اپنے پیچھے شیشے کا دروازہ بند کر دیا۔

رونقیں اس کے چاروں طرف بکھری ہوئی تھیں "زندگی اتنی حسین ہے؟" اس نے جیسے اپنے آپ سے حیران ہو کے پوچھا۔۔۔ لوگ بلاوجہ قہقہے لگا رہے تھے۔ عورتیں اپنے بہترین لباسوں میں تھیں۔ مردوں نے قیمتی سوٹ پہنے تھے جو معمولی کپڑوں میں تھے۔ انھوں نے بھی صاف کپڑوں پر محنت سے استری کی تھی اور سب دن بھر کی تھکن کا بوجھ حامد روڈ کے سینے پر پھینکنے آئے تھے۔

اپنے حسن، اپنے قہقہوں اور مسکراہٹوں سے مایوس دلوں میں امید کے دیئے جلانے آئے تھے جو رنجیدہ تھے، دل شکستہ تھے جو چپ چاپ اور اداس تھے۔ وہ اس رنگ و بو کے طوفان میں کھو کے سب کچھ بھولنے آئے تھے۔ اور آج وہ چھوٹی چھوٹی چیزوں کو غور سے دیکھ رہی تھی اور ان کے وجود کی اہمیت پر غور کر رہی تھی اور جب وہ گھر آئی تو یوں لگا جیسے قید کی مدت گذار کے جیل سے گھر آئی ہے۔ بچے دوڑ کے اس سے لپٹ گئے۔ گھر کا ہر ذرہ ہاتھ پھیلائے اس کی طرف بڑھا آ رہا تھا۔ ہوا کے جھونکے پھولوں کو گدگدا کے ہنسا رہے تھے اور اس کا شوہر شرارت سے اس کی طرف دیکھ رہا تھا جیسے کہہ رہا ہو

"آخر گھر آ ہی گئیں تم؟"

"ہاں۔۔۔ ہاں" اس نے ہنس کر جواب دیا

آج کی شام تمام گذری ہوئی شاموں سے زیادہ حسین تھی۔ حسین اور پرسکون۔۔۔ گھر اس ایر کنڈیشنڈ امپوریم سے زیادہ پیارا تھا۔

ایر کنڈیشنڈ رانی امپوریم جو کہ۔۔۔۔۔

(۸) پھر وہی صبح، پھر وہی شام

جلتی ہوئی موم بتیاں مکان میں عجیب سی پر اسرار روشنی بکھیر رہی تھیں اور وہ پلنگ پر چپ چاپ پڑی ٹالسٹائی کو پڑھتے ہیں بار بار چونک جاتی۔ معمولی سی چیز کو بھی کس قدر حسن کارانہ انداز بیان کی ضرورت ہے۔ فانوس میں جلتی ہوئی موم بتیاں ہوا کے جھونکوں سے جھلملانے لگتیں تو دیواروں پر چھائیاں سی ناچتی پھرتیں اور وہ کتاب کو الگ رکھ کر کہیں دور کے جزیروں میں گائے جانے والے گیتوں کے ترنم کے متعلق سوچنے لگتی۔ اس گیت کے متعلق بھی جس کی دھن اس نے خود بنائی تھی اور جس کو کسی باغ کے تنہا گوشے میں، پھولوں سے ڈھکے ہوئے کنج میں بیٹھ کر گنگنانا چاہتی تھی مگر اتنا وقت اس کے پاس کہاں بچ پاتا۔ رات کے دس بجے موہنی اس کے پاس چائے لے کر آتی۔

اس ڈھنڈے مقام پر چائے کی گرم پیالی اس میں دیر تک پڑھتے رہنے کے لئے حرارت بھر دیتی۔ چاروں طرف پھیلی ہوئی خاموشی اور گہرے سناٹے کو کبھی کبھی سسٹر روتھ کی سفید نوکیلی سینڈلوں کی کھٹ کھٹ توڑ دیتی یا پھر لیبر روم سے کسی نوزائیدہ بچے کی آواز تخلیق کا سدا بہار نغمہ بن جاتی۔

نیچے اسپتال ہے اور اوپر لیڈی آر ایم او کا فلیٹ ہے۔ اوپر رہنے والی ڈاکٹر اپنی مرضی سے کہیں نہیں جاسکتی اس مینا کی طرح جس کے پر کاٹ کے پنجرے میں چھوڑ دیا گیا ہو۔

پورے اسپتال کی ذمہ دار وہ واحد ذات جس کو اپنی ذات میں دلچسپی لینے کی کبھی ضرورت نہیں پڑتی۔ اس کی اپنی کوئی سوشیل لائف نہیں ہوتی۔ وہ سدا سر جھکائے

چٹھیوں پر مریضوں کے نام لکھا کرتی ان کے لئے دوائیں تجویز کرنا، ان کو اسپتال میں داخل کرنا۔ ان کے آپریشن کرنا اور رات رات بھر زندگی کو موت کے پنجوں سے کھینچ لینے کی جدوجہد میں مصروف رہنا یہی تو اس کا فرض ہے۔

اس یکسانیت سے وہ خود بھی اکتا جاتی۔ رات میں دیر گئے تک پڑھنے کے بعد بھی وہ اکثر بے چین رہتی۔ نیند آنکھوں سے دور نہ جانے کہاں چلی جاتی آج کی رات بھی ایسی ہی رات تھی۔ اس نے کتاب ہاتھ بڑھا کے شلف پر رکھ دی۔ ساری شمعیں گل ہوگئی تھیں۔ صرف ایک شمع کمرے کے سینٹر پیس پر جل رہی تھی۔ اس کے احساسات کی طرح جو رات کی تاریکی میں سلگتے رہتے ہیں۔ اس نے اپنے گالوں پر آنسوؤں کی نمی محسوس کی۔ آج زندگی کی ایک ایک بات کی یاد آ رہی تھی۔ وہ بند جو اس نے برسوں پہلے اپنے احساسات کی چڑھتی ندی پر باندھا تھا۔ اس کو آنسوؤں کے طوفان نے بہادیا تھا۔

پلنگ پر کروٹیں بدلتے بدلتے وہ بہت پیچھے چلی گئی جب وہ چھوٹی سی گوری چٹی خوبصورت سی لڑکی تھی۔ سنہرے بالوں کی دو ننھی منی چوٹیاں پشت پر ڈالے سات بھائیوں کے ساتھ اسکول جاتی جاتی تھی۔ ان سات بھائیوں کی بڑی بہن دہی تھی۔ ماحول ایسا تھا کہ بچپن سے اس نے اپنے اندر بزرگی و ممتا محسوس کی۔ ان ننھے منے بچوں کو وہ پوری شفقت دیتی تھی اور جب اس کے باپ نے دوسری شادی کرلی تو وہ اور زیادہ توجہ سے ان بچوں کی دیکھ بھال کرنے لگی اس نے بہن کے پیار سے زیادہ ماں کا رکھ رکھاؤ اپنایا تھا۔ وہ ان چھوٹی سی جانوں کے لئے ایسا چھپر تھی جو انھیں بارش، آندھی سے بچانے لگا تھا۔ گھر میں دیکھے گئے بیجا ظلم و ستم کے رد عمل کے طور پر بے حد نرم سمجھاؤ کی نیک فطرت لڑکی تھی۔

ان ہی حالات میں اس نے ڈاکٹری میں داخلہ لے لیا۔ وہ خوش نصیب بے فکر لڑکے

اور ہنستی مسکراتی لڑکیاں اور کہاں اس کی بزرگی!

وہ اگر کچھ سوچتی بھی تو یہی کہ جلدی سے ڈاکٹر بن جائے، پھر وہ بھائیوں کے لئے معمول چھپر نہیں آہنی قلعہ بن جائے گی روز روز کی جھک جھک اور گھریلو جھگڑوں سے وہ تنگ آگئی تھی۔

باپ بھی یہ سوچ کر خوش تھے کہ اس کے ڈاکٹر بنتے ہی ان ساتوں کا انتظام تو ہو ہی جائے گا۔

اس کی پہلی پوسٹنگ کسی دیہات میں ہوئی تھی۔ گھر چھوڑنے کا اس کو رتی برابر بھی رنج نہ تھا۔ ہاں بھائیوں سے بچھڑنے کی تکلیف ضرور تھی۔ وہ شہر میں پڑھ رہے تھے اور انھیں اپنے ساتھ دیہات میں رکھنا ممکن نہ تھا۔ اس نے اپنی پہلی تنخواہ باپ کو بھیج دی۔

اور اب اس کو گھر چھوڑے ہوئے پورے نو برس ہو گئے تھے۔ وہ باہر ہی گھومتی رہی۔ ایک دیہات سے دوسرے دیہات۔ ایک ضلع سے دوسرے ضلع۔ زندگی کا چکر چلتا رہا۔

کونسا موسم آیا۔ کب گیا۔ دن کب شروع ہوا۔ رات کب ڈھلی چاند کب طلوع ہوا۔ چاندنی کب بکھری۔ پھول کے کانوں میں بھونرے کیا کہا۔ اس نے کچھ بھی نہیں دیکھا۔۔۔ کچھ بھی نہیں سنا

وہ دن رات دکھ درد میں گھری بیمار زندگیوں کو سکون پہونچانے کی کوشش کرتی رہی۔ اپنے بھائیوں کو پڑھانے لکھانے میں اس نے کوئی کسر اُٹھا نہ رکھی۔ اب وہ سب کالج میں آگئے تھے۔ بڑی بھابی تو پانچ بچوں کی ماں تھی اب سب کو وہی سنبھال رہی تھی۔ یہ ساری خوشیاں اسے گھیرے رہتیں۔ پھر بھی رات کی تاریکی میں وہ اپنے پلنگ پر اُٹھ بیٹھتی۔ وہ کھٹک سی کیا ہے جو بار بار اس کے دل میں ہیجان پیدا کرتی ہے۔۔۔ یہ روح تشنہ

سی کیوں ہے۔۔۔وہ کیا چاہتی ہے۔۔۔؟

اس کو کبھی شفقت و محبت نہیں ملی۔ وہ بچپن سے شفقت و محبت دیتی آئی تھی۔ مگر اس کو کسی نے بھی پیار سے نہیں پکارا تھا۔ اس کی روح کی تشنگی کو کسی نے بھی نہ سمجھا۔ شاید یہی پیاس اس کو نیند سے جگا دیتی ہے اور صبح کی سفیدی جب کھڑکی کیوں سے اندر آگے پھیل جاتی ہے تو وہ تکیہ پر سر رکھ کے سو جاتی۔۔۔

جب سے ڈاکٹر آفتاب آئے تھے وہ یونہی سوتے میں اچانک چونک جاتی پھر بڑی دیر تک اپنے دل پر اس دستک کو سنا کرتی۔۔۔کون ہے جو دھیرے دھیرے دستک دیتا ہے ۔۔۔؟

آفتاب سے پہلی ملاقات بھی عجیب طرح سے ہوئی تھی۔ مریض دروازے کے باہر ایک دوسرے کو ڈھکیل کے آگے بڑھ رہے تھے وہ صبح سے تقریباً ڈیڑھ سو مریضوں کو دیکھ چکی تھی۔ شاید حکومت ڈاکٹروں کے بارے میں انصاف نہیں کر پاتی۔ بھلا ایک لیڈی ڈاکٹر اتنے مریضوں کو اکیلی کیسے دیکھ سکتی ہے؟ ایک ایک دو دو منٹ بھی مریض کے لئے ناکافی ہوتے ہیں۔

"جاؤ باہر سے کسی ہاؤس سرجن کو بلاؤ۔۔۔" اس نے ٹریننگ پر آئی ہوئی نئی نرس سے کہا۔۔۔وہ بڑی متانت سے آیا۔ سانولا رنگ، بڑی بڑی گہری آنکھیں اور خوبصورت چھوٹی سی مونچھیں جن کے نیچے دو مسکراتے ہونٹ۔

آپ۔۔۔؟ میرا مطلب ہے، یہاں آ کے ہاتھ بٹانا چاہیئے۔ ہاوز سرجن کو، اتنے زیادہ مریض ہیں اور میں اکیلی ہوں۔ دو ڈھائی سو مریضوں کو دیکھنا آسان نہیں۔ میں نے ایک لمحے کو بھی آرام نہیں لیا ہے۔ آپ لوگ وہاں اکٹھے بیٹھے گپیں لگایا کرتے ہیں، یہ احساس کئے بغیر کہ اس وقت مجھے فرصت نہیں ہے۔۔۔

"میں کہاں تک یہ چھٹیاں لکھ سکوں گا، اتنی ساری!" اس نے بہت ہی لاپرواہی سے جواب دیا اور کمرے سے باہر نکل گیا۔۔۔مارے غصہ کے اس کا چہرہ لال بھبھوکا ہو گیا اور ہو جھنجھلائے انداز میں بیٹھی رہی۔ نرسس ڈر کے دور ہٹ گئیں۔

دوسرے دن وہ اپنی میز پر آئی ہی تھی کہ ڈی۔ ایم۔ او صاحب چلے آئے۔ وہ تعظیماً کھڑی ہو گئی، ان کے ساتھ وہی کل والا ہاوز سرجن تھا۔ آج اس نے گرے سوٹ پہن رکھا تھا اور کل سے بھی زیادہ پر کشش اور رنجیدہ لگ رہا تھا۔۔۔ وہ دل ہی میں سلگ اُٹھی۔

مغرور کہیں کا۔۔۔ اُس نے دانت پیسے

"گڈ مارننگ، ڈاکٹر، ڈی ایم او شگفتگی سے بولے۔

"گڈ مارننگ سر"

"یہ میرے اسسٹنٹ ہیں، ڈاکٹر آفتاب"

"جی۔۔۔؟ وہ حیرانی سے بولی

"گڈ مارننگ "اُس نے اُسی متین لہجے میں کہا۔

"گڈ مارننگ "وہ شرمندہ ہو گئی۔

ڈی۔ ایم۔ او چلے گئے تو وہ آہستگی سے بولی

"بیٹھئے۔" معاف کیجئے میں نے آپ کو ہاوز سرجن سمجھا تھا۔ مجھے پتہ ہی نہ تھا کہ آپ کی یہاں پوسٹنگ ہوئی ہے۔ آپ نے کل بتایا بھی تو نہیں۔"

"آپ نے بتانے کا موقع ہی کب دیا؟ آپ تو سخت غصہ میں تھیں۔"

اس نے نگاہیں اُٹھائیں۔ اُف کیا غضب کی آنکھیں ہیں اس شخص کی۔۔۔؟

گھبرا کے اس نے مریضوں کے نام لکھنا شروع کہ دیئے مگر نہ جانے وہ مریضوں سے کیا پوچھ رہی تھی۔ مریض اس کو کیا جواب دے رہے تھے۔ پہلی بار اس کو احساس ہوا

کہ وہ کہیں کھو گئی ہے۔ اپنے آپ سے دور کہیں چلی گئی ہے۔

ڈاکٹر آفتاب نے سگریٹ جلایا اور دوسرے لمحے خوشبودار تمباکو کی بھینی بھینی خوشبو اس کو پریشان کرنے لگی۔

"آپ کہاں رہتے ہیں؟" اس نے بات شروع کرنے کے لئے پوچھا "یہیں قریب ہی ایک اچھا گھر مل گیا ہے مگر مجھے وہ جگہ پسند نہیں۔"

"آپ اکیلے رہتے ہیں۔؟"

"میری بہن بھی میرے ساتھ رہتی ہے۔"

اس دن یہیں تک باتیں ہوئیں۔" پھر وہ اُٹھ کے آوٹ پیشنٹ میں چلا گیا۔

شام میں وہ اسپتال سے نکل کر مسز انجم سے ملنے چلی گئی۔ وہ اس کی بہت پرانی دوست تھی اور جب سے اس کو معلوم ہوا تھا کہ وہ یہاں رہتی ہے تو ملنے کو اس کا جی مچل اُٹھا۔ یہ پہلا موقع تھا وہ اسپتال سے باہر نکلی تھی۔ فضا میں اُداس ٹھنڈک تھی۔ چھوٹے چھوٹے کچے گھروں سے دھواں نکل رہا تھا اور بچے باہر شور مچا رہے تھے۔ مویشی چرانے والے لڑکے ہاتھ میں ڈنڈا لئے اپنے ڈھور ڈنگر ہنکاتے ہوئے گھر واپس جا رہے تھے۔ عورتیں سروں پر ٹوکرے لئے پگڈنڈیوں پر قطار کی شکل میں چلی رہی تھیں۔ آگے آگے کسان کندھے پر ہل رکھے بیلوں کی رسی پکڑے چلے جا رہے تھے۔ جوان لڑکیاں آنچلوں میں دن بھر کام کرنے کے عوض دیئے گئے دھان لئے۔ دھیرے دھیرے قدم اٹھا رہی تھیں۔ ان کی لال پیلی، نیلی اور اودی ساڑیوں پر جگہ جگہ کیچڑ لگا ہوا تھا۔ ان کے ماتھے پر سیندور کے ٹیکے پھیل گئے تھے۔

محنت۔۔۔ محنت۔۔۔ محنت وہ خود بھی تو سخت کرتے کرتے عاجز آگئی تھی۔

آج باہر نکل کے اس نے آس پاس نظر ڈالی تو ایک ایک چیز اس کو اچھی لگی۔ کھلی

فضا۔۔۔ دور تک پھیلے ہوئے کھیت جن میں سے ہوا کے جھونکے گنگناتے ہوئے گذرتے تھے۔ اونچے اونچے پیڑوں پر شور مچانے والے پرندے اور گاؤں کا وہ تالاب جس میں دور تک گول گول سبز پتوں والی بیلیں تیر رہی تھیں۔

"کہاں جارہی ہیں آپ۔۔۔؟" کسی نے اس سے پوچھا

وہ پلٹ کر دیکھنے لگی۔ ڈاکٹر آفتاب تھے۔

اور آپ یہاں کہاں۔۔۔؟

میں ڈیوٹی ختم کر کے روز ہی گھومنے نکل جاتا ہوں اور رات کو گھر واپس جاتا ہوں۔

"وہاں اکیلے بیٹھے بیٹھے عاجز آجاتا ہوں نا۔۔۔ اسی لئے۔"

"مسز انجم کی مجھ سے بڑی دوستی ہے۔ آپ چلیں گے وہاں؟" وہ دونوں میاں بیوی بہت دلچسپ ہیں۔" وہ ساتھ ہو گیا۔ راستہ بھر وہ دونوں اسپتال اور مریضوں کی باتیں کرتے رہے۔ واپسی میں کافی رات ہو گئی تھی مگر وہ دونوں اطمینان سے باتیں کرتے چلے جا رہے تھے۔

رات بھر وہ سو نہ سکی۔ پڑھنے میں بھی اس کا جی نہ لگا۔ اس نے ایک پیالی چائے کی بجائے دو پیالی چائے پی اور ریشمی نرم رضائی میں منہ چھپالیا۔ صرف رات ہی اس کی اپنی تھی۔ احساسات رات ہی کو جاگتے تھے۔ جب وہ تنہائی کے سناٹے میں تکیہ میں سر دھنسا کے لیٹ جاتی تو اس کی گیلی آنکھیں، اس کے کانپتے ہونٹ اور بے چین دل اُسے سکون نہ لینے دیتا۔ اس نے ہمیشہ اپنے احساسات کو کچلا تھا۔ اپنے آپ کو مار ڈالا تھا۔ مگر وہ کچلے ہوئے جذبات کبھی کبھی اس کو جھنجوڑ جھنجوڑ کے جگانے لگتے۔ اس کی تنہائی، اس کی آرزوئیں، اس کی کچلی ہوئی امنگیں اور کھل کے قہقہہ لگانے کا ارمان۔۔۔ ان سب سے کترا کے وہ دور نکل جانا چاہتی تھی۔ چھٹی لے کے کبھی جاتی بھی تو گھر کے سارے لوگ

جیسے اپنا مصیبتیں اور تکلیفیں سمیٹ کر لے آتے۔

سننے کو ایک دہی رہ گئی تھی۔ ہر شخص دوڑا ہوا چلا آتا۔ مبادا کہ وہ چلی جائے تو کسے جا کے اپنی داستان سنائے۔

بڑے بھائی کے بچوں کے کپڑے اور جوتے ختم ہو گئے تھے۔

دوسرے بھائی کو کتابوں اور فیس کے لئے کم از کم ایک ہزار روپے درکار تھے۔ تیسرے بھائی نے کسی لڑکی کو اپنے لئے پسند فرمالیا تھا اور شادی رچانے پر بری طرح تلے بیٹھے تھے۔ چھوٹا بھائی ہندوستان سے باہر جانا چاہتا تھا اسی طرح تمام بھائیوں کے نہ حل ہونے والے مسئلہ اس کے آتے ہی اُٹھ کھڑے ہوتے۔۔۔

باپ کے لئے ان خواہشوں کا پورا کرنا بالکل ناممکن تھا۔ ان سب کے لئے وہی تھی جو صحرا میں ٹھنڈا چشمہ بن گئی تھی۔

اس کے ساتھ والے ڈاکٹروں میں سے زیادہ تر اعلیٰ ڈگریوں کے لئے ہندوستان سے باہر چلے گئے تھے جو شہر میں تھے وہ شاندار بنگلوں اور جگمگاتی موٹر کاروں کے مالک تھے اور وہ نو برس کی ملازمت میں اپنے لئے کچھ بھی نہ سوچ سکتی تھی۔

دوسروں کے زخموں پر مرہم رکھتے رکھتے اس کے ہاتھ شل ہو گئے تھے ساری گتھیوں کو سلجھانے بیٹھتی تو اس کا سرا ہی نہ مل پاتا اور جیسے وہ اندھیرے کنویں میں ڈوبتی جاتی بچپن میں اس کو دادی ماں نے ایک کہانی سنائی تھی ایک بدنصیب شہزادی جو سات بھائیوں کی بہن تھی ۔۔۔ سوتیلی ماں نے ان ساتوں بھائیوں کو جنگل میں چھڑ دادیا تھا اور لڑکی کو شاہی محل میں قید کر دیا تھا مگر لڑکی بڑی بہادر تھی، اس نے قسم کھائی تھی کہ وہ ساتوں بھائیوں کو کھوج نکالے گی۔ اس نے بھائیوں کے لئے تخت و تاج ٹھکرا دیا اور جنگلوں کی خاک چھاننے کے محل سے نکل گئی۔ پھر وہ واپس محل نہ جا سکی کیوں کہ وہاں

بھائیوں کی جان خطرے میں تھی۔

بس وہ شہزادی اُسے رہ رہ کے یاد آنے لگتی۔ بھائیوں کی جان بچانے کی کوشش میں اس نے اپنی جان تج دی تھی۔ بیچاری شہزادی۔۔۔!

اب آفتاب اکثر اوٹ پیشنٹ کا کام ختم کر کے اُس کے پاس چلا آتا۔

"لائیے میں آپ کا ہاتھ بٹا دوں۔" وہ اس کے ہاتھ سے قلم لے لیتا۔

"اپنے گھر سے چائے منگوائیے نا، میں گیارہ بجے چائے پینے کا عادی ہوں۔"

"ہوٹل سے منگوا لیجیے۔"

میں ہوٹل کی چائے نہیں پیتا، اور پھر یہاں کی ہوٹلیں۔ نا بابا۔"

اس نے سر اُٹھا کے دیکھا۔ اتنی سنجیدہ، متین اور پر کشش شخصیت اس نے پہلی بار دیکھی تھی۔ وہ فطرتاً بھی بڑا خوبصورت تھا۔ پانی کی طرح صاف شفاف اور سادہ۔۔۔ اس کو چائے منگوانی پڑی۔

پھر یہ روز کا معمول ہو گیا۔ وہ روز پابندی سے چائے بنوائی یا اس کا نوکر خود ہی رکھ جاتا۔ وہ دونوں مریضوں کو دیکھنے کے بعد چائے پیتے، باتیں کرتے ہسپتال کا وقت ختم بھی ہو جاتا مگر وہ دونوں ایک دوسرے کے سامنے میز کے ادھر ادھر بیٹھے رہتے۔

بالکل غیر محسوس طور پر وہ قریب آنے لگے تھے۔ معمولی ملاقاتیں۔ خلوص و محبت میں ڈھل گئی تھیں۔

اب وہ معمولی سوتی ساڑیوں میں کم ہی نظر آتی۔ غیر اختیاری طور پر رنگین و قیمتی ساڑیاں استعمال کرنے لگی تھی۔ اس کی بے ترتیب زندگی میں سلیقہ آتا جا رہا تھا۔ یہ سب آپ ہی آپ ہو رہا تھا۔۔۔ بعض دفعہ زندگی گذارنے کے طریقے خود ہی ترتیب پاتے جاتے ہیں۔

اب چاندنی راتوں میں سرہانے کی کھڑکی کھولے وہ دیر تک پلنگ پر بیٹھی رہتی یا ٹہلتے ٹہلتے گھر سے نکل پڑتی۔ کبھی ڈاکٹر آفتاب بھی ساتھ ہوتے

"سسٹر روتھ! میں باہر جا رہی ہوں، ذرا دیر سے لوٹوں گی۔"

سسٹر روتھ دوسری نرسوں میں جا بیٹھتی تو یہ بات بھی موضوع بن جاتی لیکن سب ہی دل سے چاہتے تھے کہ اب اس ٹھہراؤ میں ہلچل مچے۔ یہ سکون بھی طوفان سے دوچار ہو۔ سب ہی اس پر ترس کھاتے۔ "اتنی بڑی قربانی کوئی یوں مسکرا کے نہیں دیتا۔"

"ایسا ایثار اس زمانہ میں کہاں دیکھنے کو ملتا ہے۔

"اپنے آپ کو مار ڈالا غریب نے۔"

اس کے اچھے سلوک اور ہر شفقت رویے نے سب کو اس کے متعلق سوچنے پر مجبور کر دیا تھا۔

ڈاکٹر آفتاب کی بہن صبیحہ سے ملنے، اب وہ ان کے گھر بھی جانے لگی ننھی رات دیر گئے تک وہ سب ہنستے بولتے۔ دوستوں کی محفل جمتی اور پھر آفتاب اس کو گھر چھوڑنے ساتھ جاتے۔

وہ ایک دم بدل گئی تھی۔ اب اس کے فلیٹ میں خاموشی اور موت کا سناٹا نہیں چھایا رہتا وہاں دو چار دوست، صبیحہ اور آفتاب ہوتے خوشبو دار تمباکو کی بھینی مہک، قہقہوں کے چھناکے اور باتوں کی لہریں ہوتیں گرم چائے کے دور چلتے۔ زندگی کے ہر پہلو پر اظہار خیال کیا جاتا۔ نئے نئے موضوع بحث مباحثہ کے لئے چنے جاتے اور آدھی رات تک وہ سب باتوں میں مصروف رہتے۔ پھر گھر جانے کے لئے اٹھتے۔۔۔ اس کو پڑھنے کا وقت ہی نہ ملتا۔۔۔

زندگی کی نئی شاہراہ پر اس نے حسن ہی حسن دیکھا۔ اس کا حال ایسے قیدی کی طرح

تھا جو عمر کا زیادہ حصہ جیل کی ایک تاریک کوٹھری میں گذار کر باہر آیا ہو اور زندگی کے حسن کو آنکھیں پھاڑے دیکھ رہا ہو۔ دنیا کتنی پیاری ہے کس قدر دلفریب۔۔۔؟

پھر اچانک ایک دن اسے ابا جان کا خط ملا۔ اس نے کھول کے پڑھا

"تم اپنا فرض بھول رہی ہو۔ تم کو جس مقصد سے پڑھایا گیا اور عروج پر پہونچا گیا۔ اس کی طرف سے آنکھیں موندھ رہی ہو۔۔۔ تم نے پچھلے ماہ بھی پیسے کم بھیجے۔ تمہیں یہ سمجھ لینا چاہیئے کہ تمہارے کندھوں پر سات بھائیوں کی زندگی کا بوجھ ہے اور اس کو اٹھانا تمہارا فرض ہے۔ آئندہ مجھے یاد نہ دلانا پڑے۔"

اس نے آنسو بھری آنکھیں جھپکیں تو آنسو گالوں سے ہو کے خط پر آپڑے سیاہ آنسو جن میں کاجل کے ساتھ ساتھ خون جگر بھی شامل تھا۔ مجھ سے بھول ہو گئی۔۔۔ بہت بڑی بھول۔۔۔ وہ سسک کر بڑبڑائی۔ اسنے سنجیدگی سے سوچا۔ وہ غلط راستہ پر جارہی ہے۔ اس کے راستہ میں پھول نہیں ہیں۔ سبزہ اور روشنی نہیں ہے۔ بڑی بڑی خوفناک کھائیوں اور اور کانٹے دار جھاڑیوں کے اندھیرے راستے پر چلتے چلتے وہ عادی ہو گئی تھی مگر اس کا ہاتھ پکڑ کے اچانک دوسرے راستہ پر کھینچ لینے والا سوائے آفتاب کے اور کون ہو سکتا ہے۔

دوسرے دن وہ سفید سوتی ساڑی پہنے، سوجی آنکھوں اور بھاری پپوٹوں کے ساتھ اپنی میز پر بیٹھی تھی۔

ڈاکٹر آفتاب اپنے وقت پر کمرے میں داخل ہوئے۔

"سنئے۔۔۔" انھوں نے اس کو مخاطب کیا۔

"آپ جائیے۔ میں اکیلی ہی سارے مریضوں کو دیکھ لونگی۔" اس نے نیچی نظروں سے جواب دیا۔

"ناراض ہیں آپ مجھ سے ؟" انھوں نے میز پر دونوں ہاتھ ٹیک کر جھک کر پوچھا:

" آپ آوٹ پیشنٹ میں جائیے نا۔۔۔ یہاں کیا کام ہے ؟وہ تلخ لہجہ میں بولی۔

وہ الٹے پاؤں لوٹ گئے۔۔۔ ایک پھانس سی اس کے دل میں گڑ گئی شام میں ڈیوٹی ختم کر کے وہ اوپر اپنے فلیٹ میں آئی تو ڈاکٹر آفتاب آرام کرسی پر بیٹھے سگریٹ کے دھوئیں سے حلقے بنا رہے تھے۔ اس نے ایپرن کھونٹی سے ٹانگ دیا اور استھٹیسکوپ میز پر ڈال کے سامنے والی کرسی پر بیٹھ گئی، خاموش، تھکی ہوئی، رنجیدہ سی۔۔۔

آفتاب کھڑے ہو گئے۔ معاف کیجئے باتیں کرنے نہیں آیا۔ صرف خوشخبری۔۔۔؟

"اس نے چونک کر پوچھا۔۔۔ آفتاب کے چہرے پر شدید کرب تھا۔

" میری بدلی ہو گئی ہے۔۔۔ بہت دور جہاں سے آپ کو پریشان کرنے کبھی نہیں آؤں گا۔ اور وہ تیزی سے باہر نکل گئے۔

اس کا سر چکرانے لگا۔ حلق خشک ہو گیا تھا۔

سسٹر روتھ کے قدموں کی چاپ سنائی دے رہی تھی یا اس کے دل کی دھڑکن تیز ہو گئی تھی۔ وہی شام تھی خاموش، بے رنگ اور اداس زندگی ہلچل سے خالی۔

پھر وہی صبح ہو گی دھندلی، ملگجی اور بے کیف۔

(۹) سیب کا درخت

درختوں، بیلوں اور پھولوں میں گھری ہوئی ڈیوڑھی کسی بوڑھی کمزور عورت کی طرح جھک آئی تھی۔ چھت کی بڑی بڑی مضبوط نائیں دیمک چاٹ رہی تھی۔ بارش نے زرد رنگ ڈالا تھا اور باہر ڈیوڑھی کی دیواروں پر کائی اگ آئی تھی۔ نواب میاں کی یہ ڈیوڑھی اپنے اندر بڑی کشش رکھتی تھی اس ڈیوڑھی کو دیکھنے والے نوابی دور کی پوری تاریخ پڑھ سکتے تھے۔ جو کوئی ایک بار وہاں جاتا وہ دوبارہ جانے کی آرزو ضرور کرتا۔ وہ بادشاہی دور کے بہت بڑے جاگیر دار گنے جاتے تھے۔ ان کی جاگیر میں دیہات کے دیہات شامل تھے۔

ایسی ایسی کئی ڈیوڑھیاں انھوں نے بنوا بنوا کے رشتہ داروں کو دے رکھی تھیں۔ مگر اس ڈیوڑھی کی بات ہی دوسری تھی۔ باہر دیوان خانہ میوزیم کی حیثیت رکھتا تھا۔ اس بڑے ہال میں جہاں شیر کی کھالیں نیچے فرش پر بچھائی گئیں ان کھالوں میں ماونٹ کئے گئے شیروں کے سر، خوفناک آنکھیں اور کھلا ہوا منہ دیکھ کے ہی جھرجھری آجاتی۔ دیواروں پر بارہ سنگھے اور ہرن کے سرمعہ نوکیلی سینگوں کے آویزاں تھے۔ ریچھ اور شیر و ببر کی خونخوار صورتیں بھی ٹنگی تھیں اور درمیان میں نواب میاں کے آباء واجداد کی قد آدم تصویریں لگائی گئی تھیں۔ چمکدار آنکھیں، گھنی مونچھیں۔۔۔ درندوں کے ساتھ ٹنگی ہوئی یہ تصویریں بالکل اجنبی نہ لگتی تھیں۔ کوئی بات مشترک ضرور تھی! کونوں میں رکھے ہوئے سنگ مرمر اور سنگ سیاہ کے مجسمے اپنے اندر جن کی ہزاروں باریکیاں و نزاکتیں لئے

کھڑے تھے۔ دیواری گھڑی سے لے کے ایش ٹرے تک ساری چیزیں بے حد قیمتی اور خوبصورت تھیں۔ اور ان کے درمیان نواب میاں کی وجیہہ و شکیل شخصیت ملاقاتیوں کے دل پر ان کے دبدبے و رعب کا گہرا تاثر چھوڑتی تھی اور لوگ بے چوں وچرا ان کی خاندانی نوابی تسلیم کر لیتے۔

ایرانی قالین اور کار چوبی دیوان، چینی گلدان و بیدری واز، ہاتھی دانت کے صندوقچے اور اخروٹ کی لکڑی کا فرنیچر۔۔۔ لوگ حیران رہ جاتے کس فن کو سراہیں ۔۔۔؟

ڈیوڑھی کے نیچے تہہ خانہ تھا جہاں سجے سجائے ٹھنڈے کمرے تھے ان کمروں کو بھی قیمتی سامان سے سجایا گیا تھا۔ زردوزی کی ریشمی چادریں چندن کے خوبصورت مہکتے پلنگ، اونچے اونچے طاقوں میں رکھے ہوئے پیتل اور تانبے کے اسٹیچو۔۔۔ کریم نگری چاندی کے عطردان اور چاندی کے جال دار پاندان۔۔۔ چھت سے لٹکے ہوئے رنگین فانوس جن میں سرشام سرخ شعلے بھڑکتے تو دیواروں پر شفق سی کھل جاتی۔

نواب میاں بیگم صاحبہ کی طرف پاندان سرکا کے بھاری آواز میں پان کی فرمائش کرتے تو سر پر ڈوپٹہ ٹھیک کر کے وہ چاندنی کو آواز دیتیں۔

"چاندنی۔۔۔ ذرا خاصدان ادھر دے جانا۔"

چاندنی آواز پر لپکی چلی آتی تو یوں لگتا جیسے پھولوں سے لدی ہوئی ٹہنی ہے جو ہوا کے جھونکوں پر لچک رہی ہے۔ پچیس چھبیس برس سے زیادہ عمر نہیں تھی۔ گلابی رنگت، حسین آنکھیں اور بھرے بھرے سرخ ہونٹ جو زبان پھیرنے سے انار کی کلی کی طرح سرخ و شاداب نظر آتے۔ کہتے ہیں نواب میاں نے اس کو پہلی ہی نظر میں پسند کر لیا تھا اور پکڑ دھکڑ کے لائی ہوئی چاندنی اس دن سے آج تک اپنے شوہر اور اکلوتے بچے کے لئے ترس

رہی ہے ترستی ہے، تڑپتی ہے مگر ڈیوڑھی کی اونچی دیواروں اور نواب میاں کی مضبوط باہوں نے ہمیشہ اس کو جکڑ لیا۔ وہ سر جھکائے تھکے تھکے قدموں سے پریشان سی یوں گھوما کرتی جیسے اس نے کچھ کھو دیا ہو کوئی بہت ہی قیمتی شئے۔ وہ نواب میاں کی چہیتی ڈیوڑھی کا مضبوط ستون بن گئی تھی۔ لوگ چاندنی کو بھی نواب میاں کے نوادرات میں تصور کرتے۔

مگر چاندنی اس بڑھیا معیار زندگی کو اپنانا نہیں چاہتی تھی۔ وہ رات گئے دیر تک انگور کے منڈوے کے نیچے بیٹھی گنگنایا کرتی۔ پھر کسی بچے کی آواز اس کو زور سے چونکا دیتی۔ دور کہیں کسی پالنے میں پڑا بچہ روتا تو اس کے دل میں سوئے ہوئے ممتا کے جذبے کو جھنجھوڑنے لگتا۔ وہ پیاسی چڑیا کی طرح ہانپنے لگتی۔ ہاتھ ننھی منی گول مول باہوں کو ٹٹولنے کے لئے بیقرار ہو جاتے۔

چاندنی راتوں میں ننھے کو کندھے سے لگائے میٹھی میٹھی لوریاں سنانے کو دل مچل جاتا مگر آٹھ برس کا لمبا چوڑا فاصلہ ننھا اور چاندنی کے بیچ حائل تھا۔ وہ چپ چاپ حال کے اندھیرے میں ماضی کے دیئے جلائے بیٹھی رہتی ان دیوں کی ہلکی روشنی میں وہ اپنی زندگی کے حسین لمحوں کے پھول چنتی اس کو اپنے آنگن میں لگا سیب کا درخت یاد آتا۔ سفید پھولوں والے اس درخت کے نیچے کھاٹ پر بیٹھ کر وہ ننھے کو دودھ پلاتے میں سوو چتی اور کیا چاہیئے؟ چاہنے والا شوہر ننھا منا پیارا سا بچہ، اچھا گھر اور آنگن میں سیب کا پھولوں اور پھلوں سے لدا درخت۔۔۔ عورت کی دنیا کس قدر مکمل اور حسین ہے۔

مگر آندھی اتنی تیزی سے اٹھی کہ اس کے چھوٹے سے گھر کا تنکا تنکا بکھر گیا۔ اتنے اونچے اونچے جاگیر داروں سے کون ٹکر لے سکتا ہے بھلا؟ اگر اس کا شوہر اس کے آگے سپر بن جاتا تو اس کا آبائی مکان ڈھا دیا جاتا۔ اس کے شوہر اور بچے کی جان نہ بچ پاتی اور

کوئی نہ کوئی اس کو آواز دیتا اور اس کے ہاتھ سے یادوں کا دامن چھوٹ جاتا۔ اس عمر میں وہ بوڑھوں کی طرح غیر جذباتی اور سنجیدہ ہوگئی تھی۔ سارے کام کاج سے چھٹی پا کے وہ اپنے کمرے میں آرام کرسی پر پڑی گھنٹوں ڈیوڑھی کے نیم جان افراد کا نفسیاتی تجزیہ کیا کرتی۔

ایک بیگم صاحبہ تھیں جو ایک بہت بڑے جاگیر دار گھرانے سے نواب میاں کی دلہن بن کے آئی تھیں۔ سر سے پیر تک سونے میں لدی ہوئی وہ عورت چلتی پھرتی سونے کی دوکان دکھائی دیتی۔ بات بات پر جھڑکیاں، کوسنا ان کی عادت تھی۔ سونے کی اس چھری کے نیچے سب ہی اپنا گلہ دے کے خوش ہوتے۔

دوسری حضور بیگم تھیں جو چندن کے چوڑے خوبصورت پلنگ پر برسوں سے پڑی کراہتی رہتیں۔ دالانوں میں دور تک ان کی کراہیں سنائی دیتیں۔۔۔ فالج زدہ حضور بیگم تنہا اپنی ذات پر آنسو بہائے جائیں نواب میاں صبح شام دونوں وقت ان کی خیریت پوچھنے جاتے تو بیٹے کی صورت دیکھتے ہی آنکھوں سے برسات کی جھڑی لگ جاتی۔ وہ یوں سہمی سہمی نظر آتیں جیسے موت کو آس پاس منڈلاتے دیکھ لیا ہو۔ پھر بھی مٹھی بھر ہڈیاں زندہ رہنے کی کشمکش میں مصروف تھیں ان دونوں کے علاوہ نظیر جان تھیں۔۔۔ ہر سات ڈیوڑھی میں نواب میاں کے مخصوص دوست احباب جمع ہوتے، پھولوں میں رکھے ہوئے پان کے بیڑے اور حقے کے زرین نیچے گردش میں آتے اور نظیر جان اپنے سازندوں سمیت بن ٹھن کے شمع محفل بن جاتیں۔

صبح کا تارا ٹمٹمانے لگتا اور فانوسوں میں شمعیں جل جل کے بھسم ہو جاتیں تو سب کو جماہیاں آنے لگتیں

جس نواب کے پاس رنڈی و گھوڑا نہ ہو وہ کیا منہ لے کر شاہی دربار جائے گا جب تک آٹھ دس عمدہ تیں نخرے دکھاتی، گوٹا لچکا چمکاتی اور پازیب بجاتی ڈیوڑھی میں نہ ٹکتی پھریں۔۔۔ تھان پر دس بیس گھوڑے نہ ہنہنایا کریں رنڈی دہلیز کے کتے کی طرح نہ پڑی ہو۔۔۔ رکھیل عورتیں، باندیاں، انائیں اور مغلانیاں نہ ہوں تب تک کوئی کاہے کو نواب کہلائے۔

ہر وقت کے مفت خوروں نے الگ ڈیوڑھی کو لنگر خانہ بنا رکھا تھا دیتے دیتے چاندنی کے ہاتھ تھک جاتے، جانے کہاں کہاں سے چلے آئے ہیں کمبخت مارے۔

نواب میاں کے باپ دادا بادشاہ وقت کے مصاحبوں میں شمار کئے جاتے تھے۔ پھاٹک پر سواری کا ہاتھی کھڑا نوابی شان و شوکت کا مظاہرہ کیا کرتا۔ مگر اب صرف گھوڑے رہ گئے تھے۔ نواب میاں کے باپ نے پچاس بیگمیں مرنے کے بعد ترکہ میں چھوڑی تھیں اور بیچارے نواب میاں آٹھ دس عورتوں ہی پر اکتفا کئے بیٹھے تھے۔

چاندنی کے لئے یہ ساری کہانیاں، دادی اماں کی سنائی ہوئی کہانیوں کی طرح تھیں۔ کہانیوں کے وہ تصوراتی شہزادے نواب میاں کی شخصیت میں حقیقت بن گئے تھے مگر ان شہزادوں کے ازلی کمینہ پن پر وہ دانت پیس کر رہ جاتی۔ فرق یہی تھا کہ کہانیوں کے دو شہزادے جنوں، پریوں سے اپنی محبوبہ کا اغواء کروالیتے تھے اور نواب لوگ یہ کام اپنے ایجنٹوں سے لے لیا کرتے ہیں۔

"اللہ جانے کیا ہوتا جارہا ہے چاندنی کو، سب سے زیادہ چہیتی ہے پھر بھی ہر وقت کھوئی کھوئی اپنی دنیا میں گم رہتی ہے۔"

"غلیظ موریوں میں پلنے والے محلوں میں آ کے اپنی اوقات بھول جاتے ہیں۔" لوگ اس پر ریسرچ کرنے بیٹھ جاتے تو وہ انہی سے اکتا جاتی۔

آخر نواب میاں کو کیا حق ہے کہ رات کی تاریکی میں جنگلی بھیڑیئے کی طرح ایک معصوم بھیڑ پر جھپٹ پڑیں ؟ اس کی زلفوں سے کھیلنے والے ہاتھوں سے وہ شدید نفرت محسوس کرتی۔ گرم سانسیں اس کو گرمیوں میں اٹھنے والے بگولوں کی طرح جھلسا دیتیں ---

موم کی طرح پگھل جانے والا جسم تو ہر آغوش میں پگھل جاتا تھا۔ وہ مارے کراہت کے منہ بناتی --- سورج کی پہلی کرن کے ساتھ ہی وہ پگھلے ہوئے نقوش پتھریلے بن جاتے --- مغرور پیشانی اور قہر آلود نگاہیں اس سے ہر وہ کام کروا لیتیں جس کو کرنے کے لئے اس کو اپنے آپ پر جبر کرنا پڑتا --- وقت کچھوے کی رفتار سے آگے بڑھتا رہا اور وہ سر جھکائے ڈیوڑھی کا آنگن ناپتی رہی --- پھر اچانک ڈیوڑھی کی روایات نے دم توڑ دیا۔

وہ ساری ریت رسمیں ختم ہو گئیں جو زندگی کے لئے ضروری سمجھی جاتی تھیں ہر سال نواب میاں ڈیوڑھی پر قلعی پھرواتے تھے مگر اب کے برس اس طرف سے آنکھیں موندے بیٹھے تھے بیگم صاحبہ کا پاندان خرچ بند ہو گیا تو رو رو کے انھوں نے دوپٹوں کے ڈوپٹے آنسوؤں سے بھگو لیئے نظیر جان معہ سازندوں کے اپنا اجڑا کوٹھا بسانے چلی گئیں --- اور نواب میاں بانہہ پکڑ کے روک بھی نہ سکے۔ ان کی زندگی کی ڈال پر کوکنے والی کوئل اڑ گئی تھی اور اس کے ساتھ ہی دوست احباب جو جانثار و جگری دوست گنے جاتے تھے۔ اپنی جان و جگہ سنبھال کے محفل سے اٹھ گئے تھے۔ بمبئی جا کے بکنے والے جواہرات و نوادرات اپنی آدھی قیمت بھی وصول نہ کر پائے تھے۔ بیگم صاحبہ کی مغرور آنکھوں میں بے بسی کے آنسو بھر آئے تھے۔ ان کا جی چاہتا تھا۔ نواب میاں سے کمر کس کے لڑنے کھڑی ہو جائیں مگر ان کے میکے کی حالت بھی خراب ہو چکی تھی اور پشت ہا پشت چلی آئی جاگیر داری ختم ہو چکی تھی۔ لوگ کہتے تھے صدیوں سے ڈھائے

ہوئے ظلم آج رنگ لارہے ہیں۔ س ارے جاگیر دار فالج زدہ مریض بن گئے تھے۔

گھر بھر میں ویرانی چھاگئی تھی۔ آنسووں و آہوں میں ڈوبی ہوئی دیوڑھی پرانے قبرستان کی طرح بھیانک اور ڈراؤنی نظر آتی۔ گرم ہواؤں کے جھکڑ آشیانوں کے تنکے اڑائے پھرتے ہیں۔ فانوسوں میں روشنی کی جگہ شمع کے آنسو رہ گئے تھے۔ جامن کے پیڑ پر بیٹھا الو زور سے چیختا تو دل میں اداسی کا تیر اتر جاتا۔

مگر چاندنی کے ہونٹوں پر تبسم کی لکیریں سی رقص کرتیں۔ اب چہرے پر وہ ہیجانی کیفیت بھی نظر نہ آتی۔ اس کو یوں محسوس ہوتا جیسے حبسِ دوام کے قیدی کو اچانک رہائی کا حکم ملا ہو۔ پیر ہلکے ہو گئے۔ ان میں پڑی ہوئی زنجیریں اچانک ٹوٹ کے گر پڑی تھیں۔ بیسیوں لوریاں اس کو یاد آگئی تھیں۔ اور ذہن کے چھوٹے سے آنگن میں یادوں کا پودا درخت بن چکا تھا۔ جس کی شاخوں پر امیدوں، آرزوؤں اور خوشیوں کے سیب اب پک گئے تھے۔ سرخ ہو گئے تھے۔

اس نے آہستہ سے شیشوں کے پٹوں والی کھڑکی کھولی اور نیچے اتر گئی پھاٹک پر کھڑے ہوئے چوکیدار نے کھنکارا اور پھر اونگھ گیا۔

چاندنی ماضی و حال سے بے خبر چلی جارہی تھی۔ کچھ دور تک وہ ڈگمگاتے قدموں سے چلتی رہی۔ مدت تک پنجرہ میں بند رہنے والے پرندے کی طرح جو آزاد ہونے کے بعد بڑی دیر تک اڑ نہیں سکتا۔ آزاد اور خوشبودار ہوا کا جھونکا سن سے گذر گیا۔ اس کے قدم اب جم کے پڑ رہے تھے کتنی عجیب بات تھی کل تک ظلم کی حمایت کرنے والی جاگیر داری تھی، جاگیر داری کی جڑیں مضبوط کرنے والی شہنشاہیت تھی اور آج اس زنجیر کی ساری کڑیاں الگ الگ پڑی تھیں۔ جانے یہ زنجیر کتنے پیروں میں بیڑیاں بن گئی تھی۔ اچھا ہوا جو ٹوٹ گئی کتنے قدم نجات پاک کے منزل کی طرف اٹھ رہے تھے۔ وہ بھی ہلکی

پھلکی پنکھڑی کی طرح اڑی جارہی تھی۔ دنیا کتنی بڑی ہے۔ کتنی خوبصورت ووسیع۔ وہ بھی اپنے آنگن میں کھاٹ پر بیٹھی ننھے کو کہانیاں سنائے گی۔ شہزادوں محلوں اور جنوں کی نہیں۔ سیب کے درخت کی جس پر لگے ہوئے امیدوں کے سرخ سیب، انسان کو زندہ رکھتے ہیں۔

(۱۰) شبنم اور انگارے

اس نے کروٹ بدل کے چادر منہ پر کھینچ لی۔ سورج کی کرنیں کھڑکی کے اندر آ کے پھیل گئی تھیں اور وہ ان کی گرمی محسوس کر رہی تھی لیکن بستر چھوڑ کے اٹھنے کو دل نہ چاہتا تھا۔ جسم پھوڑے کی طرح دکھ رہا تھا۔ جوڑ جوڑ میں درد ہو رہا تھا اور ایک انجانی کسک دل کو اداس بنا رہی تھی۔

کل تک زندگی خوشگوار تھی۔ خزاں کے بعد آنے والی بہار کی طرح ایسی تپتی ہوئی دھرتی کی طرح سے برسات کی پہلی پھوار نے ٹھنڈک بخشی ہو۔ اس کی زندگی میں وہ سب کچھ تھا جس کی تمنا ہر عورت کو تڑپاتی ہے جس کے خواب وہ بچپن سے اپنی پلکوں پر سجانے لگتی ہے۔ خواب جو صحرا میں سراب کی طرح ٹھنڈے اور سکون پہونچانے والے ہوتے ہیں۔ تشنگی میں لبریز جام کی طرح حسین اور یہی خواب اس کیلئے حقیقت میں ڈھل گئے تھے۔

کتنی خوش نصیب تھی وہ؟

مسٹر یعقوب نے اسے بھرپور پیار دیا تھا اور شوہر کا پیار ہی تو عورت کیلئے سب کچھ ہوتا ہے۔

ان کا وہ خوبصورت دو منزلہ بنگلہ۔ دو نئی جگمگاتی کاریں، نئے ماڈل اور ایر کولر کے ساتھ اور بے شمار دولت جسے وہ دردی سے خرچ کرتی تھی لیکن یعقوب نے اسے کبھی نہ ٹوکا۔ کبھی اس کے اخراجات پر گہری نظر نہیں رکھی۔

زندگی تلخیاں کبھی محسوس نہ ہونے دیں۔ دونوں بچے شہر کے سب سے اچھے اور مہنگے بورڈنگ ہاوز میں رہتے تھے۔

اسے بے شمار پارٹیوں میں شرکت کرنی پڑتی۔ دعوتوں، جلسوں اور کلب کی رنگین شاموں کے بعد اتنا وقت ہی کہاں بچ پاتا کہ وہ بچوں میں دو گھڑی بیٹھ کے ہنس بول سکے۔ بچے یاد آتے تو وہ جا کے ان سے مل آتی۔ بچے ہفتہ بھر میں ڈیڑھ دن کیلئے گھر آتے بھی تو وہ اتنی مصروف ہوتی کہ بچوں کے سو جانے کے بعد گھر لوٹتی۔ سوتے ہوئے بچوں کا ماتھا چوم کے اپنے بڈروم میں آجاتی۔

دبیز ایرانی قالین، قیمتی ڈبل بڈ، دروازوں پر پڑے ہوئے بھاری پردے گلدانوں میں صبح کے رکھے ہوئے نڈھال پھول اور ہلکی سبز روشنی میں مسٹر یعقوب کے ہلکے ہلکے خراٹوں سے اڑتی ہوئی وہسکی کی مہک، بڈروم میں الف لیلیٰ کی کہانیوں کا چ ماحول پیدا کر دیتی۔

اور وہ سارے دن کی تھکی ہاری، گداز بستر پر گر کے ریشمی لحاف میں اپنی عریاں باہیں چھپالیتی۔

زندگی گذرتی جارہی تھی۔ وہ ہر وقت اپنے آپ کو مصروف رکھنے لگی تھی مسٹر یعقوب ایسی بیوی کو پاک کے اپنی تقدیر پر ناز کرتے۔ وہ جس محفل میں بیٹھ جاتی وہ محفل یادگار ہو جاتی۔ کلب کی گہما گہمی اور رونق اس کے دم سے بڑھ گئی تھی۔ والز، رمبھا سمبھا ہو یا ٹوئیسٹ، وہ انتہائی خوبصورتی سے ڈانس کرتی۔ برج کھیلنے، فینسی ڈریس کے مقابلے میں اول آنے اور نیا فیشن ایجاد کرنے میں اس کا جواب نہ تھا۔ اس کے سامنے اونچی سوسائٹی کی فیشن ایبل عورتیں بھی احساس کمتری کا شکار ہو جاتیں اور وہ ہونٹوں پر فاتحانہ مسکراہٹ لئے گردن اٹھائے ان کے سامنے سے گذر جاتی۔

لوگ اس یعقوب کے ساتھ کلب میں داخل ہوتے دیکھ کے کھسر پھسر شروع کر دیتے ہیں۔

اس گینڈے کے ساتھ یہ ہرنی کچھ جچتی نہیں۔

ایسی نازک عورت اس توندیل انسان کو کیسے پسند کر سکتی ہے۔"

مسٹر یعقوب کی پہلی بیوی زندہ ہوتیں تو اتنی ہی بڑی ان کی اپنی لڑکی ہوئی۔ مگر کل رات۔

اس نے دوسری کروٹ بدلی تپائی پر چائے رکھی تھی۔ اس سے اٹھتی ہوئی گرم بھاپ، لہراتا ہوا، پیالی سے اٹھتا ہوا دھواں جیسے اس کے اپنے دل سے اٹھا ہو۔

اس نے اپنے دل کی بات ہمیشہ سنی ان سنی کر دی تھی۔ اس نے اپنے دل کے تمام تقاضے اس آفیسر کی طرح نظر انداز کر دیئے تھے جو ضرورت مندوں کی عرضیاں ردی کی ٹوکری میں ڈال دیتا ہے۔ اس نے اپنے جذبات کو کبھی سمجھنا نہ چاہا۔

وہ اپنے آپ کو زندگی کے ہنگاموں میں کھو دینا چاہتی تھی۔ اس نے باہر دیکھا کھڑکی سے باہر لان کے اطراف کیاریوں میں ڈیزیز کے کاسنی اور سفید پھول دور تک پھیلے ہوئے تھے۔ بڑے بڑے گملوں میں پام کی چھتریاں قطار میں کھڑی تھیں۔ گلاب کے تختوں میں بے شمار تتلیاں اڑتی پھر رہی تھیں لیکن اس کے دل کی اداسی بڑھ رہی تھی اور وہ اس اداسی کے طوفان میں غرق ہوتی جا رہی تھی۔

اس نے پھر ایک بار کل رات کے بارے میں سوچا

کلب میں چاروں طرف تیز روشنی بکھری ہوئی تھی۔ خوشی سے دمکتے ہوئے چہروں پر تیز لائٹ اور خوبصورت معلوم ہو رہی تھی۔ رنگ بہ رنگے آنچل اور چست بلاوز تنگ اسکرٹ اور کھلے گریباں سے نکلی ہوئی نازک گردنیں۔ پتلی ننگی کمریں اور مرمریں باہیں

چکنے گلابی گال اور شاداب سرخ ہونٹ، اور پھر تیز نشہ شراب کا نشہ !

اس نے "حنائی ہاتھی "کا انعام جیت لیا تھا۔ اسٹیج پر پردے کے پیچھے سے جو حنائی ہاتھ سب سے خوبصورت دکھایا گیا تھا وہ " اسی "کا تھا اس نے مہندی سے ہتھیلی پر بہت فنکارانہ انداز سے دل بنایا تھا جس میں چبھے ہوئے تیر سے خون کے قطرے ٹپک رہے تھے۔

جب وہ انعام لینے کیلئے پردہ ہٹا کر اسٹیج پر آئی تو تالیاں بجانے والوں میں شوکت بھی تھا۔

اس کی مسکراہٹ ایک دم غائب ہو گئی۔ وہ جلدی سے نیچے اتر آئی اور خالی سیٹ دیکھ کر پیچھے جا بیٹھی۔ اس کا سر چکرا رہا تھا۔

شوکت یہاں ؟ اس نے دونوں ہاتھوں میں سر تھام لیا۔ مقابلہ ختم ہو چکا تھا۔ اب والز کی دھن دلوں کو بیقرار کر رہی تھی۔ لوگ مست ہوئے اس نے وحشی ہرنی کی طرح چاروں طرف دیکھا۔ مسٹر یعقوب ایک میز پر شوکت کے ساتھ بیٹھے اسے شراب پینے پر مجبور کر رہے تھے اور وہ انتہائی شائستگی سے معذرت کر رہا تھا۔

تو یعقوب اسے جانتے ہیں۔ کیسے ؟ کب سے ؟ او خدا!"

اس نے اپنا سر کرسی کی پشت سے ٹکا دیا۔ اس کے ذہن میں گرم لاوا سا پک رہا تھا۔ چہرہ اس کی تپش سے تمتما اٹھا تھا۔ اور دل جیسے پکے پھوڑے پر کوئی بار بار انگلی رکھ دیتا تھا۔ وہ سراپا جل رہی تھی۔

آپ میرے ساتھ رقص کرنا پسند کریں گی۔؟

"نو آئی ایم سوری " وہ کتنوں سے انکار کر چکی تھی، کتنوں کی چمکتی آنکھوں کو مایوسی سے بھر دیا تھا۔

آپ میرے ساتھ رقص کریں گی ؟ کوئی جانی پہچانی گمبھیر آواز بہت نرمی سے پوچھ رہی تھی اس نے اس آواز کو زندگی بھر سنا تھا۔

"جی۔۔؟"اس نے چونک کے دیکھا۔

"یہ میرے بہت ہی پرانے دوست ہیں مسٹر شوکت، نیوی میں کیپٹن ہیں۔ اور آج کل لمبی چھٹی پر آئے ہوئے ہیں۔ اور یہ تمہاری بھابھی مسز یعقوب!

مسٹر یعقوب اس سے شوکت کا تعارف کروا رہے تھے۔

بھابھی ؟ اس نے آہستہ سے دہرایا۔ اس کی آنکھوں سے دنیا جہاں کا درد جھانک رہا تھا۔

ہاں بھی ان ہی کے بارے میں میں نے تمہارے بڑے بھائی کو لکھا تھا کہ میرا سونا گھر پھر آباد ہو رہا ہے۔ تمہارے بڑے بھائی میرے کلاس فیلو رہ چکے ہیں اور اس زمانہ میں تم سے بھی روز ملنا ہوتا تھا۔ جب تم شپ لے کر سمندر میں چلے گئے تو ہم دونوں تمہیں بہت یاد کرتے تھے۔ تمہارے بارے میں باتیں زیادہ ہوتیں۔ اسی زمانے میں شریمتی جی آگئیں۔ انہوں نے زور سے قہقہہ لگایا اور اس کی طرف دیکھا

کیا بات ہے کیسی طبیعت ہے تمہاری ؟ یعقوب پریشان ہو گئے میرا سر چکرا رہا ہے۔ وہ مردہ آواز میں بولی۔

رقص ہی ساری تکلیفوں کا علاج ہے۔ جاؤ شوکت کب سے تمہارے لئے کھڑا ہے۔

مسٹر یعقوب بچوں کی طرح پچکارتے ہوئے بولے اور اسے لڑکھڑاتے قدموں سے اٹھنا پڑا۔

شوکت اسے سہارا دے کے ڈانس فلور پر لے آیا

چمکتے ہوئے چکنے فرش پر جوان جسم ایک دوسرے سے چمٹے ہوئے تھرک رہے

تھے۔ چہرے پر شراب کے نشہ نے سرخی پیدا کر دی تھی۔ نیم وا آنکھیں اپنے سامنے دو آنکھیں پا کے متوالی ہو رہی تھیں۔ مضبوط باہوں کا سہارا لئے چوڑے چکلے سینے پر سر رکھے وہ ایک ایسی دنیا میں پہونچ گئی جس کا گرد و پیش سے کوئی تعلق نہ تھا۔ دل جیسے سینے سے نکلا جا رہا تھا۔ دھڑکن کی صدا گونج بن گئی تھی۔ ان باہوں میں آ کے بھی وہ مسٹر یعقوب کی باہوں کا حلقہ نہ توڑ سکتی تھی جو اس کے چاروں طرف آہنی قلعہ کی طرح مضبوط تھا۔

ثمو۔ ادھر دیکھو۔ میری طرف" شوکت جیسے سرگوشی کے انداز میں بولا۔ اس کے ماتھے پر پڑا ہوا بالوں کا گچھا اس کے رخسار چھونے لگا اس نے آنکھیں کھول دیں۔ دو اداس خوبصورت آنکھیں اس کو مسلسل دیکھ رہی تھیں

" کیسی ہو؟ شوکت نے اپنے مخصوص نرم لہجہ میں پوچھا۔

ثمینہ کی آنکھوں میں آنسو تیر گئے۔ ایسی غمگساری، ایسی اپنائیت۔

اچھی ہوں۔ تم دیکھ رہے ہو۔

دیکھ رہا ہوں مگر ان آنکھوں میں تیرنے والے آنسو ایسا نہیں کہتے

سنو۔۔۔ یہ اپنے ہاتھ پر میرا دل کیوں بنا ڈالا تم نے؟

تمہارا دل؟

ہاں ایسا ہی خون رستا ہے میرے دل سے اور یہ تیر تمہارے ستم کا ہے ایسا تیر کیوں چلایا کہ میں زندگی بھر زخمی دل لئے گھومتا رہوں اور کہیں چین نہ ملے۔ اس کی آنکھوں کی اداسی گہری ہو گئی۔

شوکت۔۔ تم نے مجھے غلط سمجھا ہے۔ وہ بمشکل کہہ سکی۔ فرطِ جذبات سے اس کا گلہ رندھ گیا۔

تو کیا آج بھی

ہاں میں نے اپنے سارے غم چھپانے کیلئے اس زندگی کو اپنایا ہے۔ سارا دن مصروف رہتی ہوں۔ یعقوب کو یہی کچھ پسند ہے اور پھر اس زندگی میں میری اپنی پسند کا سوال ہی پیدا نہیں ہوتا جب رات کو سونے کیلئے لیٹتی ہوں تو میرے تصورات، میرے خیالات اور میری سونچیں، سب ماضی کی طرف دوڑتے ہیں۔ ماضی کی روشنی سے حال کے اندھیروں کو روشن رکھتی ہوں۔ شوکت۔ شوکت نے اسے اور قریب کر لیا۔

رقص جاری تھا کلب میں اور کلب کے باہر۔ مجبوریوں و مایوسیوں کا رقس تشنہ آرزوؤں اور ادھوری تمناؤں کا رقص۔

محروم جوانیوں اور ناکام حسرتوں کا رقص۔

دوسرا راؤنڈ شروع ہو چکا تھا۔ وہ ہم رقص تھے۔ تم نے یعقوب سے شادی کیسے کی۔

میں نے یعقوب سے شادی کیسے کی۔

میں نے یعقوب سے نہیں، اس کی دولت سے شادی کی ہے۔

کیوں؟

حالات یہی چاہتے تھے

مجھے سب کچھ بتا دو ورنہ میں پاگل ہو جاؤں گا۔ وہ جھجھلا کے بولا اس کی آنکھیں سرخ ہو رہی تھیں۔

جب تم جہاز کے ساتھ سمندر میں چلے گئے تو مجھے ایک نئے طوفان کا مقابلہ کرنا پڑا میرے ڈیڈی دق کے موذی مرض میں مبتلا ہو گئے۔ ان کا منی آرڈر ہمارے نام آنا بند ہو گیا۔ ان کی نوکری چھوٹ گئی اور ہم انہیں شہر لے آئے انہیں کسی بھی سینی ٹوریم میں داخل کرانے کی کوشش بیکار گئی۔ وہاں بھی سفارشیں چلتی ہیں۔ بڑے بڑے ذریعے کام

میں لائے جاتے ہیں ورنہ جگہ نہ ہونے کا بہانہ کام آتا ہے۔

اب انہیں قیمتی دواؤں اور ٹانک کی ضرورت تھی۔ اچھی غذا کی ضرورت تھی اسی لئے مجھے تعلیم ادھوری چھوڑ کر ایک پرائیوٹ فرم میں نوکری کرنی پڑی ان دنوں میرا دولت مند باس روز ڈیڈی کی عیادت کیلئے ہمارے چھوٹے سے مکان پر آتا تھا۔ ڈیڈی سے دور بیٹھ کے باتیں کرتا۔ میں نے دو ایک بار ناک پر دستی رکھے ڈیڈی سے جھک کے باتیں کرتے دیکھا۔ وہ کہتے کہتے چپ ہو گئی۔

پھر۔ پھر کیا ہوا؟

ایک دن میں ساری پریشانیوں اور بیماریوں سے اکتائی ہوئی بیٹھی تھی۔ میرے آگے ڈیڈی کی دواؤں کیبل، قرض دینے والوں کے خطوط اور چھوٹے بھائیوں کے اسکول سے فیس کے لئے آئے ہوئے آخری نوٹس پڑے تھے اور اس گھور اندھیرے کو دور کرنے والی صرف ایک کرن میرے آگے اجالا پھیلا رہی تھی۔ وہ کرن تھی میرا باس۔ مسٹر یعقوب۔

یعقوب ہی تمہارا باس ہے۔ شوکت نے حیرت سے پوچھا اور اس کی کنول جیسی آنکھوں سے ڈھلکتے آنسو اپنے رومال میں جذب کر لئے۔ اس کے چہرے پر کرب تھا۔ آنکھوں میں خزاں رسیدہ شام کی ویرانی تھی۔

پھر کیا ہوا۔ پھر میں حالات سے شکست کھا گئی۔ میں نے تم سے کئے ہوئے سارے وعدے بھلا دیئے۔ کالج کے ماضی کو دفن کر دیا۔ پھولوں سے بھرے کنج میں تمہارے کندھے پر سر رکھ کر مستقبل کے جتنے خاکے بنائے تھے، ان میں رنگ نہ بھر سکی تمہاری واپسی کا انتظار بھی نہ کر سکی میں نے تمہیں اپنے دل کی گہرائیوں سے چاہا لیکن وقت کے تیز رو دھارے نے مری زندگی کا رخ ہی موڑ دیا۔ اب مجھے پتہ چلا کہ مجبوریاں مستقبل

کے بارے میں سوچنے کا موقع نہیں دیتیں۔ ہم منصوبے تو بہت بناتے ہیں مگر حالات سے بے خبر رہ کر، وہ سر جھکا کے اداس ہو گئی۔ کاش میں جہاز کے ساتھ نہ گیا ہوتا تم نے کتنی تکلیفیں اٹھائی ہیں۔ یہ مجھے آج اندازہ ہوا میں نے تمہیں بے وفا سمجھا۔ یہ غلط فہمی نہیں تو اور کیا ہے۔ ہم لوگ اسی انداز میں سوچتے ہیں شمو۔ اس نے دھیمے دکھ بھرے لہجے میں بتایا۔

ہر انسان مجبوریوں کے ہاتھوں لٹ جاتا ہے۔ میرا جہاز کے ساتھ جانا ضروری تھا اور اس مجبوری نے تمہیں مجھ سے چھین لیا۔ تم جو میری زندگی تھیں اور آج میں زندگی سے خالی جسم لئے زخمی دل کے ساتھ زندہ ہوں لیکن آج وہ بوجھ میرے دل سے ہٹ گیا کہ میں نے ایک بے وفا کو چاہا"

پھر ہال کی روشنی گل ہو گئی۔ اُسے اپنے گال پر دو دہکتے انگاروں کا احساس ہوا۔۔۔ اور جب پھر ہال روشنی ہوا تو وہ شوکت سے الگ ہو چکی تھی۔ آرکسٹرا کی لہریں رک گئیں۔ لوگ اپنے رقص کو تھامے کلب کے بار میں جانے لگے۔

رقص نے نہ جانے کتنوں کو نئی زندگی دی کتنوں کو ماضی کو خوشگوار یادوں کا تحفہ دیا ۔۔۔

کس نے کیا کھویا اور کیا پایا۔۔۔ کسی کو بھی اس کا اندازہ نہ تھا۔ مسٹر یعقوب ایک اینگلو انڈین لڑکی کے ساتھ بیٹھے بیئر پی رہے تھے۔

"چلئے گھر چلیں۔۔۔"

"شوکت کہاں ہے۔۔۔؟" وہ اپنی خمار آلود نگاہوں سے اس لڑکی دیکھ رہے تھے۔

"ہوں گے کہیں۔۔۔ آپ اُٹھیئے نا۔۔۔" وہ ضد کر رہے تھی۔

جب یعقوب اپنی ساتھی لڑکی کو گڈ نائٹ کہہ رہے تھے تو شوکت اُس کے بالکل پیچھے

آ کے آہستہ سے بولا۔

آج تک تم نے زندگی دوسروں کے لئے گذاری ہے۔ اب تمہیں اپنے لئے جینا ہو گا صرف اپنے لئے۔۔۔ کل یہیں ملوں گا۔۔۔"

"گڈ نائٹ"

"گڈ نائٹ" کار اسٹارٹ کر کے ریورس میں لیتے ہوئے انھوں نے سوچا آج ثمینہ کو کیا ہو گیا ہے۔ اتنی شوخ د شنگ، اتنی چنچل عورت یوں اکتائی ہوئی سنجیدہ سی کیوں ہے۔۔۔؟ جوان عورتوں کی یہی انتہا پسندی اور جذباتیت اُنھیں اچھی لگتی تھی۔

اس نے آنکھیں بند کر لیں۔ اُس کے رخساروں پر جلتے ہوئے انگارے اُسے تڑپا رہے تھے، رُلا رہے تھے۔ اس کا جی چاہتا تھا آج تنہائی میں دل کھول کر رو لے، آنسو بہالے، بہت دن ہو گئے اس کی آنکھوں سے آنسو نہیں ٹپکا تھا۔ ڈیڈی کی موت کے بعد اس نے آنسو بہائے۔ اپنی محبت اپنے جذبات واحساسات کی موت پر بھی وہ نہیں روئی۔ اس کی آنکھیں خشک ہو چکی تھیں۔ وہ دوسروں کے لئے جینا چاہتی تھی۔ اس نے ایک لمحہ بھی اپنے لے نہیں گذارا۔ اپنے لئے کچھ بھی حاصل کرنے کی کوشش نہ کی۔ اور آج جب شوکت افسے اپنے لئے جینے کی ترغیب دینے آیا ہے۔ اپنے آپ کو اس کے حوالے کرنے آیا ہے۔ اپنی خوشیوں کے لئے اس کے سامنے دامن پھیلانے آیا ہے تو وہ پر کٹے ہوئے پنچھی کی طرح ہانپ رہی ہے۔ اب وہ چاہتے ہوئے بھی نہیں اُڑ سکتی۔۔۔ اب وہ ایک بیوی ہے۔ ایک ماں ہے اور ایک ماں کبھی اپنی محبت حاصل نہیں کر سکتی۔ یہ دو ننھے منے بچے اس کے پیروں کی بیڑیاں بن گئے ہیں۔

اس نے اپنے جلتے ہوئے رخسار پر آہستہ سے ہاتھ پھیرا۔۔۔ میں اُن انگاروں پر اپنی بے رخی دلا پروائی کی اوس ٹپکا دوں گی۔۔۔ میں صرف اپنے لئے نہیں جی سکتی۔ دوسروں

کی راہ میں دور تک پھول بکھیرتی آئی ہوں۔۔۔اب دامن میں کیا رہ گیا ہے۔

شام کو مسٹر یعقوب بن سنور کر اُسے کلب لے جانے کے لئے اس کے کمرے میں آئے تو وہ بچوں کے درمیان بیٹھی بڑے چاؤ سے ان کے بال بنا رہی تھی۔

"ارے بچے کب آئے" انھوں نے دونوں بچوں کو لپٹا لیا۔ میں صبح جا کے دونوں کے لئے آئی ہوں۔ اب یہ یہیں رہیں گے۔ ماں کے ہوتے ہوئے دونوں بورڈنگ باوز میں رہیں۔ یہ میں برداشت نہیں کر سکتی اور دیکھئے نا ہمیں کتنی آسانیاں میسر ہیں۔ صبح کار سے اسکول جائیں گے اور شام لوٹ آئیں گے۔ سونا گھر ان کی پیاری باتوں سے جنت بن جائے گا اور دیکھئے آپ اکیلے ہی کلب ہو آیئے۔ میں اپنے بچوں کے ساتھ شام گذار دوں گی وہ چہک چہک کے حسین مسکراہٹ کے ساتھ انھیں سمجھا رہی تھی اور مسٹر یعقوب پھر سوچنے لگے۔

یہ جوان عورتیں۔۔۔ ان کی یہ انتہا پسندی اور جذباتیت۔۔۔ اُف خدا اور ان کے چہرے پر مسرت کی شعاعیں جھلملانے لگیں۔

اور ننھے بٹو نے دوڑ کر ماں کے گال پر اپنے ہونٹ رکھ دیئے

گرم انگاروں پر جسے شبنم پڑ گئی ہو!!

(۱۱) وہ دونوں

آج پھر میں نے ان دونوں کو بالکنی میں کھڑے دیکھا تھا۔ بادل گھر آئے تھے اور ہلکی پھوار میں وہ دونوں ریلنگ پر جھکے نیچے دیکھ رہے تھے جہاں سڑک پر اکا دکا آدمی چھاتا سروں پر کھولے آہستہ آہستہ آجا رہے تھے کبھی آپس میں کسی بات پر دونوں ایک دوسرے کو دیکھ کر بڑی لگاوٹ سے مسکرا دیتے یا کسی بہت اچھے مذاق پر قہقہے بالکنی سے سیدھے میری کھڑکی کے اندر آجاتے۔ میں لاپروائی سے ایک نظر ادھر ڈال لیتی۔

میں پانچ برس سے کاغذ نگر کے اس مکان میں رہتی ہیں اور ہر دو تین ماہ بعد ان لوگوں کو اسی طرح اکٹھے آتے جاتے اور ہنستے بولتے دیکھنے کا موقع ملتا ہے۔ شاید وہ گہرے سانولے رنگ کی معمولی نقوش والی لڑکی اس والے مکان میں رہتا ہے ہے۔ اکیلا، خاموش اور اپنے سارے کام خود کرنے والا یہ مرد کبھی آرام سے بیٹھا دکھائی نہ دیا کبھی نل پر کپڑے دھو رہا ہے، کبھی کچن میں اپنے لئے آملیٹ بنا رہا ہے۔ ویسے شاید دہ میس میں کھانا کھاتا ہے کیوں کہ وہ کبھی دیر تک کچن میں کچھ نہیں پکاتا۔ صرف چند منٹ وہاں گذارتا ہے۔ میں بھی کام کرتے، چلتے پھرتے ادھر ایک نظر ڈال لیتی ہوں۔

وہ ایک بار بھیگتا ہوا اپنے گھر میں داخل ہوا اور پھر ورانڈے کے سامنے والے کمرے میں دو دن تک یونہی پڑا رہا پھر تیسرے دن وہی سانولی لڑکی نظر آئی جو اس کو اُٹھنے میں مدد دیتی۔ دودھ اپنے ہاتھ سے پلاتی اور گھر کے کام کاج کرتی نظر آتی غالباً اس کی تیز بخار تھا۔ پھر جیسے ہی ذرا اُٹھنے بیٹھنے اور چلنے پھرنے کے قابل ہوا وہ لڑکی چلی گئی۔

کبھی کبھی مجھے اس پر بہت غصہ آتا۔ لعنت ہے اس عشق و محبت پر، ایسی ہی ہمدردی و خلوص ہے تو شادی کیوں نہیں کر لیتے۔ شاید میں ان دونوں کو کوئی مشورہ بھی دیتی مگر مشکل یہ تھی کہ وہ کالونی میں کسی سے بات نہ کرتے۔ شاید بدنامی کے خوف سے۔۔۔!

بعض اوقات تو وہ دونوں اس قدر جذباتی ہو جاتے کہ میں کھٹاک سے کھڑکی بند کر دیتی، کیسے بے شرم پڑوسیوں سے واسطہ پڑا ہے مگر حقیقت تو یہ تھی کہ کبھی پڑوسی سے کوئی واسطہ ہی نہ پڑا۔ سدا خاموشی ہی چھائی رہتی۔ ایک بار اس نے ٹیرس پر دھوپ میں اپنے کپڑے و بستر پھیلا رکھے تھے اور پلنگ پر کھٹملوں سے بچنے کے لئے کوئی پاؤڈر چھڑک رہا تھا۔ سارا گھر اس نے صاحب کیا، فرش دھویا اور کمروں میں لوبان عود کا دھواں دیتا رہا۔

دوسرے دن وہ لڑکی آ گئی۔ گھر صاف ستھرا دیکھ کر وہ بہت خوش تھی مگر اسی رات وہ واپس چلی گئی۔

اس طرح اس کی زندگی کو میں کھلی کتاب سمجھتی تھی، جس کو جب چاہا، جہاں سے چاہا میں نے پڑھ لیا۔

یہاں ایک بات سمجھ میں نہ آتی تھی کہ جب وہ لڑکی اس کو اتنا ہی چاہتی ہے تو شادی کر کے ساتھ ہی کیوں نہیں رہ جاتی۔۔۔؟

ان دونوں کے طور طریقے مجھے ایک آنکھ نہ بھاتے۔ اچھا ہوا کہ میرے گھر کوئی جوان لڑکی نہیں ورنہ ان کی حرکتیں دیکھ کے اس کے دل پر کیا گذرتی۔ میں نے دو ایک بار اپنے شوہر سے پوچھا بھی مگر وہ میری ہی طرح لاعلم تھے "ایک گونگے پڑوسی کے متعلق بھلا میں کیا بتا سکتا ہوں؟" انھوں نے کہا پھر میں نے کبھی اس کے متعلق ان سے کچھ نہ پوچھا۔ مجھے کیا پڑی ہے کہ میں خواہ اس کے متعلق کھوج کرتی پھروں۔۔۔؟

مگر اس کے بارے میں جاننے کی خواہش ضرور تھی۔ کیا اس لڑکی کے سوا اس کا کوئی نہیں ؟

کبھی اس کو کپڑے دھوتے، پانی گرم کرتے یا گھر کی صفائی کرتے دیکھ کر میرا دل دکھتا یا ہلکے دکھ کا احساس دل میں کروٹ لیتا۔ کس قدر خود غرض و بیہودہ لڑکی ہے وہ۔۔۔

پھر مجھے غصہ آجاتا۔ اگر وہ ان باتوں کو نہیں سمجھتی تو یہ خود ہی صاف صاف کہہ دے کہ " مجھے بے وقوف بنانے کی ضرورت نہیں۔ تم میری نہیں بن سکتیں تو جہنم رسید۔۔۔

مگر وہاں تو صبر و سکون، خاموشی و مصروفیت تھی۔ اونھ۔۔۔ مجھے ان لوگوں کے متعلق سوچنا ہی نہ چاہیئے۔ آخر کیا تعلق ہے ان سے۔۔۔؟

میں اپنے ذہن سے ان خیالات کو جھٹک دیتی اور کچن میں چلی جاتی یا کسی کام میں جٹ جاتی۔

رفتہ رفتہ پڑوس کے گھر پر نظر رکھنا میرا محبوب مشغلہ بن گیا۔ ذرا دیر نظر نہ ڈالتی تو جیسے کوئی طاقت مجھے کھینچ کر کھڑکی تک لاتی یا ورانڈے کی گرل و کچن کی جال پر نظر گڑ جاتی۔ اس سے کوئی تعلق نہ ہوتے ہوئے بھی وقت گذاری کے لئے میں ادھر دیکھنا نہ بھولتی۔

اس کو مصروف دیکھ کر جیسے بڑا اطمینان محسوس ہوتا کبھی وہ کمرے میں میز پر جھکا خط لکھ رہا ہوتا۔ کبھی اس کو نماز پڑھتے دیکھ کر اک زہر بھری مسکراہٹ جس میں طنز گھلا ہوتا، میرے ہونٹوں پر آجاتی۔

نو سو چوہے کھا کر بلی حج کو چلی والا گھساپٹا محاورہ میرے لاشعور میں کلبلاتا۔ کبھی کبھی وہ دو تین دن کے لئے کہیں چلا جاتا اور بڑا سا تالا اس کے کمرے کے دروازے پر پڑا رہتا۔ ان دنوں اک عجیب سی بے چینی اور غالباً میرا جذبہ تجسس بڑے شدید کرب میں مبتلا رہتا۔ میرا کسی کام میں دل نہ لگتا کیونکہ پڑوس والے مکان پر نظر رکھنا آہستہ آہستہ میری زندگی

کے روزمرہ کاموں کی طرح اہمیت اختیار کر گیا تھا۔ پھر وہ دوسرے تیسرے دن لوٹ آتا۔ دروازہ کھولنے اور لائٹ جلانے سے اس کے گھر میں زندگی آجاتی۔ ویرانی و بھیانک سناٹا نل کی آواز اور برتنوں کے چھناکے میں بدل جاتا۔ پوری رفتار سے سیلنگ فیان چلتا اور پردہ اڑ کر دور تک درانڈے میں آتا رہتا۔ میں نے دن میں سینکڑوں بار ادھر دیکھا مگر اسے کبھی بھی ہمارے ورانڈے یا کھڑکی کی طرف دیکھتا نہ پایا۔ بس سر جھکائے لمبے لمبے قدم ڈالتا ہوا وہ اپنے کام میں مصروف رہتا۔ کبھی بہت موڈ میں ہوا تو باتھ روم سے ہلکے سروں میں گنگنانے کی آواز ہوا کے جھونکوں کے ساتھ آتی رہتی۔

ادھر کئی دنوں سے وہ بیمار تھا۔ کھانسنے اور کراہنے کی آواز سن کر میں درانڈے میں آجاتی۔ مفلر لپیٹے، سوئٹر پہنے وہ تکیہ پیٹھ کے پیچھے رکھے بیٹھا رہتا کبھی تھک کر لیٹ جاتا۔ رکشا میں بیٹھ کر E-S-I ہوسپٹل جاتا اور واپس آکر بستر پر پڑا رہتا۔ دودھ والا دودھ لا کر ہیٹر پر رکھ جاتا۔ وہ اٹھ کر پیالی میں انڈیل لیتا۔ پانی اس کے سرہانے ہی رکھا رہتا۔ ڈبل روٹی والا آکر دونوں وقت ڈبل روٹی پہونچا جاتا۔ اس کو شاید سگریٹ پینے کی عادت نہیں تھی کیوں کہ میں نے اسے کبھی سگریٹ پیتے نہ دیکھا۔ میرا جی چاہتا اس غریب کیلئے کچھ بنا کے بھیجوں پھر غیر ضروری ہمدردی پر خود ہی شرمندہ ہو جاتی۔ اب آتی کیوں نہیں؟ میرا منا چلنے لگا تھا، وہ بھی درانڈے کی گرل پکڑے دیر تک کھڑا رہتا اس کے قدم قدم پر گرنے کے ڈر سے میں پیچھے پیچھے لگی رہتی۔ اس طرح میں اور منا دونوں ہی دن کا زیادہ حصہ ورانڈے میں گذارتے۔ اس کی محبوب تین مہینے سے نہ آئی تھی۔ شاید اس نے بیوفائی کی ہو یا شاید اس آدمی نے جھڑک دیا ہو۔ بات ہی اتنی سنجیدہ تھی۔ اگر ایسا ہوا تو اس نے ٹھیک ہی کی اچھا ہی کیا۔ اس کے صبر وسکون کو اس لڑکی کے سلوک سے ٹھیس پہونچی اور پرسکون سطح کے نیچے ہلچل محسوس ہوئی۔ ورنہ مجھ کو تو یوں محسوس ہوتا جیسے وہ

انسان احساسات سے خالی ہو صرف عمل آدمی۔ جو ہمیشہ مصروف رہنے کی کوشش کرتا ہے۔

ابھی تک وہ سنبھلا نہ تھا۔ بخار شاید اب بھی آرہا تھا۔ کھانستے کھانستے وہ بے دم ہوکر بستر پر گر پڑتا۔ رضائی اوڑھے ہر وقت سوتا رہتا۔

ان دنوں پین گنگا کے کنارے پکنک منانے کی سوجھی تو دوستوں کے ساتھ ہم لوگ سرپور چلے گئے، گھنے جنگلوں میں، بانس کے جھنڈوں اور پین گنگا کے کنارے ہم نے خوب تفریح کی۔ پروگرام کی فہرست خوب لمبی تھی۔ سرپور کاغذ نگر سے چودہ پندرہ میل دور ہے اور بسیں بھی انسانوں سے لدی ہوئی چلتی ہیں۔ صبح بس کیلئے جایئے تو کہیں دوپہر میں کسی بس میں جگہ ملے گی فاصلہ زیادہ نہ ہوتے ہوئے بھی ہر قسم کی رکاوٹیں اور بس کا بے وقت ملنا اور کبھی کبھی بالکل نہ ملنا فاصلے کو طویل بنا دیتا ہے۔

ایک دن منا کھانسنے لگا۔ اور شام تک اس کو ہلکا بخار ہوگیا۔ میں اس کو سرپور کے ایک پرائیوٹ ڈاکٹر کے پاس لے گئی۔ مریضوں کے ساتھ بنچ پر وہ گہری سانولی لڑکی بھی نظر آئی۔ اس کی گود میں بچہ تھا۔ اور وہ سمٹی سمٹائی بیٹھی تھی۔

تو کیا یہ بچہ۔ ؟ میرے ذہن میں ایک برا خیال سر اٹھانے لگا تب ہی تو رانی جی اس بیماری کے زمانہ میں بھی نہ آئیں۔

"آپ کے بچہ کی طبیعت خراب ہے؟" میں نے اس سے بات شروع کرنے کیلئے پوچھا۔

"جی ہاں سینہ بھرا ہوا ہے اور کھانسی بھی بہت ہے۔" وہ بچہ کا سینہ سہلانے لگی۔

"میرے بچے کو بھی کھانسی ہوگئی ہے۔ کل تک بھلا چنگا تھا۔ میں اسے منے کے متعلق بتانے لگی۔

"آج کل ہر طرف فلو پھیلا ہوا ہے۔ اس کے بابا بھی فلو کا شکار ہو گئے ہیں۔ میں وہاں جانا چاہتی ہوں مگر مجبور ہوں۔ ایک تو بچہ بیمار ہے۔ دوسرے میں یہاں اسکول میں پڑھاتی ہوں۔ تقریباً پانچ سال ہو گئے۔ نہ میرا کاغذ نگر پر ٹرانسفر ہوتا ہے۔ نہ سرسلک ملز اپنی جگہ چھوڑ سکتی ہے۔ بس عجیب کشمکش ہے، ہر طرح کوشش کر کے ہار گئے ہم۔ دلی بے چینی کے آثار اس کے چہرے پر پیدا ہو گئے تھے۔ اور میں ہڑبڑا کے کھڑی ہو گئی تھی۔ میں نے حیران ہو کے سوچا۔

تو وہ دونوں میاں بیوی ہیں۔

(۱۲) سکینڈ ہینڈ

راجی دہلیز پر بیٹھی رہی۔ سامنے انگور کی بیلوں نے دیر تک پتھروں کے ستونوں والے منڈوے کو ڈھانپ لیا تھا۔ چوڑے سبز پتوں کی ہتھیلیوں کو ہر طرف پھیلائے گھنی شاخوں سے گول گول کچے انگور کے خوشے لٹک رہے تھے جو کچھ دن بعد زردی مائل سبز ہو جائیں گے۔ دھوپ کے ذرا تیز ہوتے ہوتے ان میں مٹھاس اتر آئے گی۔ منڈوے کے نیچے سے گذرتے ہوئے ہاتھ اونچا کر کے دو چار انگور توڑ لینا، اسے اچھا لگتا تھا۔ تازہ انگور جو خوشے سے لٹکے ہوئے شیشے کی سبز گولیوں کی طرح چمکیلے اور چکنے ہوتے ہیں۔

اس کی نظریں ایک دوسرے کے پیچھے آہستہ آہستہ جاتے ہوئے سفید بادلوں، اونچے سیدھے پیڑوں کے درمیان جھکے ہوئے نیچی شاخوں والے پیڑوں پر بھی ٹھہر جاتیں۔ پہاڑوں کے دور تک پھیلے ہوئے سروں پر دھواں سا دکھائی دیتا تھا۔ پہاڑیوں پر خودرو پھولوں، کانٹے دار جھاڑیوں اور سوکھے ہوئے لنڈ منڈ درختوں کا ایک سلسلہ چلا گیا تھا۔

سر سبز کھیتوں سے ہٹ کے بڑے تکونے حصہ پر سیندھی کے ٹیڑھے میڑھے درختوں کے آخری سرے پر جھرارے دار پتوں کا حصہ تھا۔ کسانوں نے اپنی زمین میں جہاں اناج بویا تھا آٹھ دس سیندھی کے درخت بھی ذرا الگ ہٹ کر روایتوں کی طرح کھڑے تھے۔

ہل جوتنے، کھیتوں کو پانی دینے، مینڈھیں بنانے،۔ کھیتوں کی حفاظت کرنے اور دن دن بھر کڑی دھوپ میں مسلسل کام کرنے کے بعد سیندھی ہی سارے دکھوں کا علاج بن جاتی ہے۔ محنت کے بعد ٹوٹنے والے بدن، اس کو پا کے ویسے ہی مسرور ہو جاتے ہیں جیسے شہر کے دفتروں میں کام کرنے والے بابو چائے کی گرم پیالی پا کے تازہ دم ہو جاتے ہیں۔

وہ اپنی جھونپڑی کی چوکھٹ پر بیٹھی ادھر ادھر نظر دوڑاتی رہی۔ ہرے بھرے کھیتوں کو ہوا کے جھونکوں میں لہراتے دیکھ کر اسے عجیب سی خوشی ہوتی تھی۔ اس خوشی کی کیفیت بھی دوسری خوشیوں سے علیحدہ تھی۔ یوں لگتا تھا جیسے دل کے کسی حصے سے خوشی کی ایک لہر سی اٹھی اور دیکھتے ہی دیکھتے سارے بدن میں پھیل گئی۔ یہ خوشی صرف محسوس کی جا سکتی تھی۔ بیان کرنا اسے نہیں آتا تھا۔ بس وہ اس خوشی کو اپنے اندر ہی اندر گردش کرتا محسوس کر لیتی۔ اور چہرہ اس خوشی کے اثر اس قدر شگفتہ و شاداب ہو جاتا کہ کھیتوں کے کنارے باڑھ کی طرح لگے ہوئے جنگلی گلاب کی شادابی بھی مرجھا کر رہ جاتی۔ مگر آج راجی کے چہرے پر ایک گہری اداسی کی چھاپ تھی۔ حیران بڑی بڑی آنکھوں سے کسی اندرونی، کسک، کسی ناقابل برداشت تکلیف کا کرب جھانک رہا تھا۔ ہر وقت بچوں کی طرح کھکھلا کر ہنسنے والی اس جوان عورت پر زمانہ بھر کی دکھی اور عمر رسیدہ عورت کی طرح سنجیدگی مسلط تھی۔ رگ رگ میں عجیب سی جگن تھی۔ اس جلن کو کم کرنے کیلئے ہی وہ بیٹھی بیٹھی ذرا ذرا سی چیز کو بھی بے حد غور سے دیکھ رہی تھی۔ ہزاروں بار دیکھے ہوئے درخت باولیاں، پہاڑ، آسمان اور زمین، کھیت، انگور کے منڈوے، بل کھائی ہوئی پتلی پگڈنڈیاں، جھونپڑوں کی کچی دیواریں اور راکھ سے لپی پتی ان دیواروں پر لال مٹی گھول کر کھینچی سرخ لکیریں، چھتوں کے باہر نکلے ہوئے بانس پو سوکھتی ہوئی دھوتیاں، اور رنگین ساڑیاں پکے نیلے، سرخ اور ہرے رنگ والی۔ پیلے کالے اور سنہری کنارے والی جن کو گاؤں کے جولاہے بنتے ہیں۔ اپنے ہاتھوں سے دھاگے کی تکلیاں تانے بانے میں پھیر پھیر کر اتنی موٹی، مہین و مضبوط رنگین ساڑیاں بناتے ہیں۔ یہ ساری چیزیں جو وہ بچپن سے دیکھتی آئی ہے ان کی ذرا ذرا سی تفصیل وہ دور بین آنکھوں سے پھیلا پھیلا کے دیکھ رہی ہے۔ اس طرح شاید وہ جلن کچھ کم ہو سکے۔

کھیتوں سے ادھر پہاڑوں کی ڈھلوانوں پر بھیڑ بکریاں چرانے والے کم عمر لڑکوں کی ہئی ہئی کی آواز نیچے بستی میں بھی سنائی دیتی۔ تالاب پر کپڑے دھونے اور نہانے والے آپس میں زور زور سے باتیں کرتے اور ہوا ادھر سے آتی تو ان کی آوازیں بھی ساتھ لاتی۔

گاؤں کے اسکول میں راجی کے چاروں بچے پڑھنے گئے تھے۔ جگیا ابھی تک کھیتوں میں کام کر رہا تھا۔ ویسے بارش کے پہلے مہینے ہی سے کام بڑھ جاتا تھا۔

راجی کو رہ رہ کے رات والا جھگڑا یاد آ رہا تھا۔ یوں تو کسان اپنی اپنی تھکن اتارنے کیلئے ہی پیتا ہے یہ دوسری بات ہے کہ شادی بیاہ کے موقع پر یہاکسی گناہ کی پاداش میں جی کھول کر سیندھی پلائی جاتی ہے۔ تہواروں میں تو لوگ اس قدر پیتے ہیں کہ ہوش کھو بیٹھتے ہیں۔ جب خوب چڑھا جاتے ہیں تو چھوٹی چھوٹی باتوں پر معمولی تکرار کسی بڑے جھگڑے کی صورت اختیار کر لیتی یا گھر والی سے کسی بات پر چیخ چیخ ہو جاتی اور پھر گالی گلوج اور مار پیٹ تک کی نوبت آ جاتی۔ کبھی دو دوست آپس میں بھڑ جاتے۔ زیادہ پینا اور پی کے بہکنا، زور زور سے گانا اور مل جل کر ناچنا، قہقہے لگانا بھی اتنا ہی ضروری تھا جتنا لڑنا جھگڑنا، اس طرح زندگی کی چھوٹی چھوٹی خوشیاں اور بڑے بڑے غم وہ آپس میں بانٹ لیتے۔ بڑے بڑے بھیانک صدمے اور گھریلو تلخیاں۔ سسرال کا خراب برتاؤ اور میکہ کی ہر وقت کی یاد۔ ماں باپ کا پیار بھرا سبھاؤ اور ساس سسر کے طعنے۔ ان سب کو کھول کر بیان کرنے والے لوگ گیت جو دلوں کی گہرائی سے نکلے تھے جو گھونگھٹ میں دھیرے سے مسکرانے والیوں کی ترجمانی کرتے تھے۔ جو گاؤں کے اونچے، شیشم جیسے بدن والے نوجوانوں کے احساسات لفظوں میں ڈھال کر لکھے گئے تھے۔ ان لوگ گیتوں کی دھنیں بھی برسوں پرانی تھیں اور آج تک ان میں کسی طرح کی تبدیلی نہیں ہوئی تھی۔ ان گیتوں کو موٹی

گرجدار آوازوں سے آوازیں ملا سریلی نرم میٹھی دھن میں گایا جاتا تو گاؤں واقعی خواب کا جزیرہ بن کر رہ جاتا۔ اس زندگی کو دور سے دیکھنے والے شہری نہیں سمجھ پاتے تھے۔

رات کو نہ جانے کہاں سے اتنی چڑھا کے آیا تھا راجی نے پلکیں جھپکا جھپکا کے سوچا۔ گالی گلوج کے بعد بیلوں کو مارنے والی لکڑی سے اسے خوب پیٹا بھی تھا۔ اب تک جسم کے حصوں میں جلن ہو رہی تھی جن پر چوٹ لگی تھی مگر سب سے زیادہ جلن اس کے سینے میں تھی جیسے بھٹی سلک رہی ہو جیسے تنور زمین کے نیچے جلتا ہے۔ دہکتا ہے۔

اس کو مارتے مارتے جگیا نے تھک کر لکڑی دور پھینک دی۔ پھر دانت پیس کر بولا "اری سکر کر ایک ودھوا کو پال رہا ہوں۔ کیا یہ احساس کم ہے؟

ودھوا کو؟ راجی نے لیتے ہوئے ذہن سے سوچا۔ یہ بات اس کے ذہن سے انگارے کی طرح چمٹ گئی۔ رات سے اب تک ہزاروں بار جگیا کے الفاظ اور اس کا نفرت سے دانت پیستا ہوا چہرہ اس کو یاد آتا رہا۔ رات بھر وہ گھٹنے پیٹ سے لگائے خاموش پڑی رہی۔

ای بار تور کے نصیب بگڑ جاتے ہیں تو ان کو بنانے کی کوشش بڑی مہنگی پڑتی ہے۔ اپنی بیوی کے مر جانے کے بعد جگیا نے بھی ایک سال ادھوری زندگی گذاری تھی۔ مرنے والی اپنے پیچھے چار ننھی منی جانیں چھوڑ گئی تھی جن کی دیکھ بھال کرنے والا سوائے جگیا کے اور کوئی نہ تھا۔

رامو کا لڑکا سویرے ہی ڈھور ڈنگر لے کر پہاڑ کے دامن میں چلا جاتا جگیا اپنے اور بچوں کیلئے چولہا چلا کے روٹی بناتا۔ چھوٹے بچوں کو مٹی کے پیالے میں دودھ پلاتا۔ بڑے بچوں کے ساتھ چھانچھ یا چائے سے روٹی کھاتا اور پھر سب کو گھر میں رہنے کی ہدایت کر کے کھیتوں پر چلا جاتا۔ واپس آنے تک کوئی نہ کوئی واقعہ ضرور ہوتا۔ کسی بچے کا ہاتھ جل جاتا۔

کوئی بچہ باولی کی منڈیر پر بیٹھا ملتا۔ کوئی بھوک سے بلبلا تا رہتا۔ اکثر جگیا بے بسی و بے چارگی محسوس کرتا۔ ایسا کڑیل جوان بھی قدرت کے اس ستم پر آنکھیں پونچھنے لگتا۔ کسی تہوار یا تقریب پر زیادہ پی لیتا تو اس وقت جھونپڑے میں ایک کمی، ایک تشنگی محسوس ہوتی۔ جگہ کی زیادتی اور جھونپڑے کی کشادگی اسے کھل جاتی۔ دوسرے جھونپڑوں میں تو لوگ ایک دوسرے سائے لگ کے سوتے ہیں تب بھی جگہ نہیں رہتی اور یہاں۔ جیسے وہ ایک تھا بے یارو مددگار۔ اس کیلئے جینے والا، اس کی اپنی ذات میں دلچسپی لینے والا" اس کی فکر کرنے والا۔ اس کے کھانے پینے کا دھیان رکھنے والا کوئی نہ تھا۔ کوئی نہ تھا۔

ایک ایسی ہی بے چین کر دینے والی گھڑی میں اس نے لکڑی کے صندوق میں رکھے ہوئے مرحوم لنگماں کے چاندی کے توڑے نکالے اور رامو اور زینو کے ساتھ راجی کے گھر چلا گیا۔

وہ ودھوا تھی، جوان تھی، محنت نے اس کے جسم کو بری خوبصورتی سے تراشا تھا۔ اس میں وہ ساری خوبیاں تھیں جو گاؤں کی ایک اچھی عورت میں ہوتی ہیں۔ سب سے بڑی خوبی جو عورت میں دیکھی جاتی ہیں وہ اس کی بے زبانی ہے جو عورت بے زبان ہوگی۔ اس کو سسرال والے اور شوہر شب قدر کی نگاہوں سے دیکھیں گے۔ گائے کی طرح سیدھی اور بیل کی طرح بوجھ اٹھانے والی عورتیں کبھی بے گھر نہیں ہوتیں مگر راجی کا گھر والا جوان ہی میں سدھار گیا تھا۔ وہ اکیلی ہوگئی۔ بے سہارا، بے گھر، وہ اپنی ماں کے جھونپڑے میں سو جاتی اور دن بھر مزدوری کر کے دن ڈھلے واپس آتی تو خالی جھونپڑا اس کی تنہائی کے احساس کو اور گہرا کر دیتا۔ جب وہ بیوہ ہو کر ماں کے پاس آئی تھی تو ماں سخت بیمار تھی۔ اس کے آخری دنوں میں راجی نے ایک بیٹی کا فرض بہت اچھی طرح ادا کیا۔ ماں کے بعد تو وہ اتنے بڑے سنسار میں بالکل اکیلی رہ گئی۔ جگیا کو یہ ساری باتیں زینوں اور رامو سے معلوم

ہو گئیں رامو تو ہاتھ دھو کے جگیا کے پیچھے پڑ گیا تھا۔ جگیا بھی ہر قدم پر ایک عورت کی ضرورت محسوس کرتا تھا اور جب کہ چار چھوٹے بچے بھی ساتھ ہوں تو اکیلا مرد انہیں سنبھال نہیں سکتا۔ جگیا نے بھی اپنی طرف سے رامو اور زینو کا اجازت دیدی تھی اور بہت دنوں سے جگیا کی طرف سے بات چیت ہو رہی تھی اور اسی سلسلے میں جگیان نے چاندی کے توڑے اپنے ہاتھ سے راجی کے پیروں میں پہنا دیئے برادری کی دعوت کیلئے سیندھی کے مٹکے آ گئے۔ زینو اور رامو نے خوب ہنگامہ مچایا، گانا ناچنا، پینا رات گئے تک جاری رہا۔

ودھوا کی دوسری شادی نہیں ہوتی بس اسی طرح اپنا لیا جاتا ہے۔ راجی بھی چپ چاپ اس کے پیچھے پیچھے چلی آئی تب سے بے رنگ زندگی رنگولی کی طرح سج گئی۔

اس نے چاروں بچوں کو اپنی گود میں بھر لیا۔ ایک ماں کی گود کتنی کشادہ ہوتی ہے۔ اس نے ان پیارے معصوم چہروں کی مسکراہٹ میں اپنا غم بھلا دیا جب گاؤں میں پہلا اسکول کھلا تو جگیا سے لڑ جھگڑ کر ان کا نام اسکول میں لکھوا دیا ان کے آنے والے دنوں کی تعمیر میں راجی بھی جی جان سے جٹ گئی۔

بچوں کی کسی ضرورت کو جگیا ٹال جاتا تو راجی رو رو کر ان کا حق منوا لیتی مگر آج جگیا کی باتوں سے راجی کا جی بیٹھ گیا۔ وہ آج بھی اسے ودھوا ہی سمجھتا ہے۔ اس کو اپنی زندگی میں ہاتھ پکڑ کے شامل کر لینے کے بعد بھی؟

اس کے ساتھ چاندنی راتوں میں ہنس ہنس کے دل کی باتیں کہنے اور اس کو اپنا بنا لینے کے باوجود، اس کے دل میں ناگ کے زہریلے پھن کی طرح بار بار یہ خیال سر اٹھاتا ہے کہ وہ ودھوا ہے۔ قابل رحم ہے اس کا اپنا کوئی نہیں۔ وہ جو کچھ اس کے ساتھ کرتا ہے احسان سمجھ کر؟

وہ دیر تک یونہی بیٹھی رہی۔ سوچتی رہی،۔ وہ جو سمجھ جاتی تھی مگر سمجھا نہیں سکتی تھی۔ گہری سوچ میں ڈوبی، خاموش پیرائے ہونٹوں اور خشک گلے کے ساتھ اس نے سوچا میں نے آتے ہی اس گھر کو اپنا گھر سمجھ لیا۔ ان بچوں کو پیار سے اپنے پلو میں چھپا لیا جگیا کو اپنا سمجھا۔ اپنا آدمی۔ اپنا گھر والا۔ تو کیا یہ میری بھول تھی؟

راجی نے رات سے کچھ نہ کھایا تھا پھر بھی اسے بھوک نہیں تھی۔ پہلے تو کبھی گالی گلوج کرنے اور مارنے پر اس کے اندر ایسی آگ نہ بھڑکی تھی۔ آج اس کو کیا ہو گیا ہے۔ یہاں ایسے لڑائی جھگڑے تو روزہ ہی ہوا کرتے ہیں ہمیشہ سے وہ یہی کچھ دیکھتی آئی تھی مگر آج کی طرح اس کے اندر سلگتی ہوئی بارود کبھی نہ محسوس ہوئی۔ ایسی کہ جیسے سب کچھ جل جائے گا۔ بھک سے اڑ جائے گا ایسی زبردست باڑھ آگئی ہے جو زندگی کی ہر چیز، ہر بات، اور ہر جذبہ کو بہالے جا رہی ہے۔

آدمی ہر طرح کی باتیں کرتا ہے رنج کی، خوشی کی، دکھ درد کی، غصہ کی مگر بعض باتیں بندوق کی گولی کی طرح نشانہ پر بیٹھتی ہیں۔ انگارے کی طرح دل سے چمٹ جاتی ہیں پھر شاید باڑھ آجاتی ہے یا آگ لگ جاتی ہے جس میں سب کچھ جل جاتا ہے۔

دو گرم آنسو راجی کے رخساروں سے ڈھلک کر چولی کے کھلے گلے سے ہوتے ہوئے سینے پر آگئے۔ گرم جلتے ہوئے آنسو۔

اس نے آج ڈاک بنگلہ کے چوکیدار کے آگے ہاتھ جوڑے۔ اس کے پیروں کو چھوا۔ اس کی منت سماجت کی۔ شہر سے بابو لوگ تفریح کرنے آتے ہیں نا؟ اور اسی ڈاک بنگلہ میں ٹھہرتے ہیں۔ میں ان کیلئے سامنے والے تالاب سے پانی بھر لاؤں گی۔ کوٹنا پیسنا اور برتن دھونا سب کر لوں گی۔ بس اپنا پیٹ پالنا چاہتی ہوں۔ یہ کام مجھے دے دو۔ اور جب وہ رونے لگی تو چوکیدار نے دس روپے لے کر یہ اجازت دے دی کہ وہ ڈاک بنگلہ میں

ٹھہرنے والوں کا کام کر سکتی ہے۔ اس طرح اس نے مستقل کام کرنے اور اپنا بار خود اٹھانے کا فیصلہ کر لیا۔ اور جب سے وہ ڈاک بنگلہ سے لوٹی تھی بس اسی طرح اپنی دہلیز پر بیٹھی بیٹھی دنیا جہاں کی باتیں سوچ رہی تھی۔

سہ پہر کے بعد جگیا رامو اور زینو کے ساتھ آیا اور جھونپڑے کے سامنے کھاٹ پر بیٹھ گیا۔ وہ تینوں کسی بات پر زور زور سے بحث کر رہے تھے کسی پمپ سٹ کے بارے میں ۔" سکینڈ ہینڈ ضرور ہے مگر باولی پر لگائے زیادہ عرصہ نہیں ہوا۔ پھر بھی نئے پمپ والی بات نہیں ہے "جگیا سر ہلا کے بولا۔

"ارے کیا کہتے ہو، باولی پر فٹ کئے دن ہی کتنے ہوئے ہیں۔ پھر نئی چیز کے دام تو ویسے بھی بہت ہوتے ہیں۔ تم خرید نہ سکو گے "رامو کی آواز آئی۔

"جس پمپ سٹ کی بات میں کر رہا ہوں اس کو مالک نے بہت کم استعمال کیا ہے۔ دیکھنے میں بالکل نیا ہے مگر سکینڈ ہینڈ ہونے کی وجہ سے دام گر گئے ہیں" زینو بولا۔

"ضرورت پوری کرنے کیلئے تو یقیناً ہی پڑے گا۔ پھر بھی یہ بات دل سے نہیں جاتی کہ مال پرنا ہے۔ کسی نے پہلے برتا ہے، استعمال کیا ہے" جگیا مری ہوئی آواز میں پولا۔ راجی غور سے سن رہی تھی۔ اس کو یوں لگا جیسے یہ باتیں کسی پمپ سٹ کے بارے میں نہیں بلکہ اس کی اپنی ذات کے بارے میں ہو رہی ہوں۔ وہ بے دلی سے اٹھ کے اندر چلی گئی۔

(۱۳) دھندلے نقوش

آج دیش سے باہر تمہیں کھلا خط لکھتے ہوئے جھکی ہوئی پلکوں پر یہ نمی شاید آنسووں ہی کی ہے ورنہ میں نے نرگس کے پھولوں پر سورج طلوع ہونے سے پہلے انگلیوں سے چھو کے جو نمی محسوس کی تھی۔ اس میں بہادروں کی ہواؤں کی سی تازگی اور شبنم کے قطروں کی طرح خودرو پودوں کو قوتِ نمو دینے والی خنکی محسوس کی تھی اور اب میری پلکوں پر یہ نمی ایسی ہے جیسے چائے دان سے باہر گرم بھاپ نکل کر اس کی بیرونی سطح پر پھیل جاتی ہے۔ اس میں ہلکی ہلکی حرارت جلن اور بھاپ کے گیلے پن میں آگ کی سی تپش کا احساس ہوتا ہے۔ آج میری پلکوں پر سے رخساروں پر پھیلی ہوئی بھاپ کے گیلے پن میں ایسی ہی چھپی ہوئی گرمی اور جلن محسوس ہوتی ہے۔

تمہیں اٹھارہ برس بعد اچانک اپنے سامنے دیکھ کے یوں لگا تھا جیسے میرا بچپن اپنے پیچھے کہیں دور چھوڑی ہوئی نوعمری کی وادیوں سے لوٹ آیا ہے۔ سنا تھا۔ گذرا ہوا وقت مسکراتا، گنگناتا اپنی سڈول گلابی باہیں پھیلائے آیا اور جوانی کے جوش اور ولولے کے ساتھ اس نے مجھے بھینچ لیا۔ ایسے غمخوار ساتھی کو پاکے جانے کتنے زخموں نے منہ کھول دینا چاہا۔ جانے کتنی چوٹیں ہر ہو گئیں۔ آنکھوں کی بند چمکدار سچی سیپ میں محفوظ آنسووں کے آبدار موتی جانے کب موقع پا کے باہر نکل آتے۔ دل میں ایک ایک کر کے جمع کٹے ہوئے مردہ آرزوؤں کے تابوت تمہیں کب رونے پر مجبور کر دیتے۔ پھر کیا ہوتا؟

تم اٹھارہ برس بعد کیا آئیں کہ خزاں کے ستم سہہ سہہ کر سوکھ جانے والی شاخوں

پر سبز کلے نکل آئے۔ ایسے میں تمہارے سامنے خزاں رسیدہ شام اور جھلسا دینے والے بگولوں کا تذکرہ کرنا مجھے اچھا نہ لگا۔ میرے اندر جیسے کوئی بڑی درد ناک آواز میں کراہتا رہا۔ التجائیں کرتا رہا۔ دیکھتی نہیں ہو وہ اک زمانہ بعد لوٹ آئی ہے۔ اپنے رشتہ داروں، ہمدردوں اور دوستوں سے مل کر اپنے گذرے ہوئے وقت کے لمحات کو اپنے سامنے ہنستا مسکراتا اور قہقہے لگاتا دیکھنا چاہتی ہے۔ اپنے پیچھے کہیں دور چھوڑی ہوئی عمر کی شاداب وادی میں بکھرے ہوئے لمحات کے رنگین سنگریزے اکٹھے کرنے کا شوق اسے پھر لے آیا ہے۔

تم بن غازی میں اپنے گھر کے اطراف باونڈری وال کے جنگلے سے لگی سوچ رہی ہو نگی۔ بھلا میں گئی ہی کیوں تھی اُس وادی میں۔ ؟ غمخواروں، عزیزوں و دوستوں سے مل کے بچھڑ جانا اور زیادہ اذیت ناک ہوتا ہے گھنٹوں ماضی کے رنگین لمحات کے سنگ ریزوں کو چن چن کر حال کی جھولی میں جمع کرنا اور پھر نئے ننھے گلابی نیلے نیلے پتھروں کو اپنے پاس رکھنے کی دھن میں ان پرانے سنگریزوں کو کہیں کسی خوبصورت دیس کے کسی گوشہ میں پھینک دینا یا کسی دیہات کے درخت کے نیچے جھولی خالی کر دینا کس قدر اندوہناک حقیقت ہے۔ ایسا کرنا ہی پڑتا ہے۔

پھر بھی کہر کی دبیر چادر میں لپٹا ہوا گھر اور اس کا راستہ نہیں بھولتا بالکل اسی طرح جیسے وقت کا غبار ماضی کو دھندلا دیتا ہے مگر بھولنے نہیں دیتا۔ وہی رشتہ دار غمگسار جو بچپن میں کھیلی ہوئی گڑیوں کی طرح ذہن کے گرد آلود طاق میں اوندھے سیدھے پڑے تھے۔ تمہارے لئے اب ان کی قدر و قیمت میں ہزار گنا اضافہ ہو گیا تھا۔

جب تک دور سمندر پار تھیں تو جیسے تمہارا وجود ایک دھندلے سائے کی طرح ذہن کے کسی گوشے میں محفوظ تھا۔ کہاں ہو؟ کیسی ہو؟ یہ سارے سوالات کبھی کبھی ساتھیوں

کے ذہن میں کلبلاتے اور پھر فوراً ہی دوسری مصروفیت ان کی جگہ لے لیتی مگر جب تمہارا ہنسنا بولنا، نظروں کے سامنے آیا تو عجیب عجیب سے احساسات آنکھیں ملتے نیند سے اچانک بیدار ہو گئے۔ یہ خواب نہیں، یہ تو سچ مچ شعبدہ ہے۔ اس نے آج ہیر وڈریسر سے اپنے بال نئے انداز میں بنوائے ہیں۔ کشور بولی۔ بال تو کٹے ہوئے ہیں مگر اس کا اس قدر خوبصورت جوڑا ہے کہ بس دیکھتے رہو بنے بنائے جوڑے یہاں بھی ملتے ہیں مگر ان جوڑوں کی بات ہی کچھ اور ہے ہر روز اپنے بالوں کی گپھائیں، خواب اور گنبدیں بنانا اور پھر ان ہیں نئے نئے انداز سے سنوارنا، لچھے چھلے اور نقلی زیورات ایسے ہیں کہ اصلی لگتے ہیں۔ ساتھ ساتھ لپ اسٹک، نیل پالش اور کریم کے رنگ بھی بدل جاتے ہیں۔ اب یہی دیکھو کل جس کو سر سے پاؤں تک گلابی دیکھا تھا آج صندلی ہے۔ کھلی بانہوں پر ہلکا زرد آنچل لئے دوستوں کے حلقے میں اداس مسکراہٹ کے ساتھ باتیں کرتے دیکھا تو یقین نہ آیا کہ گلاب دیکھتے دیکھتے چمپا کے پھول میں تبدیل ہو گیا ہے۔ کسی نے شاعرانہ انداز میں تمہارا سراپا بیان کیا۔

بڑے ہال میں تخت پر گاؤ تکیئے کے سہارے بیٹھی تم اپنے ساتھیوں کو پرائے دیس کی زندگی کے متعلق بتانے لگیں۔ اس زمانے میں اشفاق M.R.C.P. کر رہے تھے۔ جب میں اڈنبرا پہونچی۔ ہم کچھ بہتر حالت میں نہ تھے۔ ایک لکچر سننے کیلئے پانچ پونڈ پہلے ہی ادا کرنا پڑتے تھے۔ تم لوگ تو جانتے ہو میرے تینوں بچے بھی میرے ساتھ تھے۔ رات کو وہ سارے کپڑے مجھے ہی دھونا پڑتے تھے جو دن بھر بچوں کو پہنانا ضروری ہوتا۔

اور سردی اس غضب کی پڑتی ہے کہ پرانی بلانکٹس اور گرم کپڑوں میں بچوں کو لپیٹ کر سلاتے ہوئے بار بار میرے اعضاء کانپ جاتے۔ کبھی اشفاق نے امتحان کی فیس داخل کی تو تیاری مکمل نہ ہو سکی اور کبھی تیاری مکمل نہ ہو سکی اور کبھی تیاری مکمل ہوئی تو

فیس جمع نہ کر سکے۔ کئی بار مایوسی کا سامنا کرنا پڑا۔ تینوں بچوں کے اخراجات اور ہم میاں بیوی کے رہن سہن کیلئے اشفاق کی تنخواہ کافی نہ ہوتی۔ نتیجہ یہ ہوا کہ ہر طرح کی تکلیف اٹھائی۔ اس تنگدستی میں ہونا تو یہ چاہئے کہ ہمت ہار جانے مگر ہر بار ایک ولولہ اور نیا عزم ہم میں پیدا ہو جاتا۔ ماحول ایسا ہے کہ دوسروں کو دیکھ کر محنت کرنے کو جی چاہتا ہے۔

اشفاق کی مفلوج ماں کا علاج معالجہ، دیس میں بہن بھائی کی تعلیم کیلئے ہمیں کچھ نہ کچھ بھیجنا پڑتا۔ اس طرح ہم نے کانٹوں بھری راہ پر ایک ساتھ قدم بڑھائے۔ برسوں اپنے کسی رشتہ دار کی صورت نہ دیکھی دوست احباب ملتے، چھٹی کا دن بہتر گذر جاتا۔ بس ایک ہی دھن تھی کہ ہمیں آگے بڑھنا ہے۔ خاندان کی ساری ذمہ داریوں کا بوجھ ہمارے کندھوں پر دھرا ہے۔ ہماری حالت دیہات کے ان بیلوں کی طرح تھی جو کھیتوں کا اناج شہر کی منڈیوں تک پہونچاتے ہیں۔ جنہیں راہ میں کچھ دیر کا آرام ملا بھی تو ذمہ داریوں کے بھاری بوجھ کے احساس کے ساتھ، تم نے نرم پروں والا کشن اٹھا کے پیٹھ کے پیچھے رکھ لیا اور مسکرانے لگیں اس نقلی چہرے پر بس ایک یہی مسکراہٹ اصلی تھی۔

اب جب کہ بھائی بہن اپنی پڑھائی ختم کر کے درخشاں مستقبل کی سمت قدم بڑھا چکے ہیں ذمہ داریوں کا بوجھ ہلکا ہو گیا ہے اور ہم ایک بہتر زندگی گذارنے کے قابل ہوئے اور ذہن کو کچھ آرام ملا تو ماضی کی یادوں میں کھو گیا پرانے جانے پہچانے چہرے وقت کی گرد جھاڑ کر قریب تر آ گئے۔ دھندلائے ہوئے نقوش رک رک کر کے جگمگاتے اور مسکراتے۔ اس مسکراہٹ میں جیسے ایک پیام بار بار بھیجا جاتا۔ اب آ جاؤ، دیکھو تمہارے دیس کی گلیاں، پرانی عمارتیں، کھیت کھلیان، کنویں، ندیاں، باغ اور تمہارے بچپن کے ساتھی جن کے گھر گھر کے ساتھ چھوٹے چھوٹے خوبصورت آنگن، بڑے بڑے کھیل کے میدان۔ آم، امرود و جامن، کے پیڑ اسی طرح ہوا میں جھوم رہے ہیں۔ اسی طرح

ہوا میں جھوم رہے ہیں۔ اسی طرح پیپل کے پتے، شریر بچوں کے ساتھ مل کے تالیاں بجاتے ہیں۔

ضعیف چچا اپنے تخت پر تکیہ کے سہارے بیٹھے، اچھے موڈ میں ہوتے تو پرانے وقتوں کے بازار کے بھاؤ بتا بتا کے سب کو حیرت زدہ بناتے ہیں۔ چچی اپنی وقت کے رسم و رواج، دلہنوں کی روایتی شرم و حیا، زیورات کے تذکرے۔ ساس نندوں اور سوکنوں کے اچھے برے سلوک، رکھ رکھاؤ، اور وضعداری کی داستانیں بیان کرتی ہیں۔ لوگوں کو یہاں کتنی فراغت نصیب ہے۔

کنواریوں کی حفاظت سخت پردہ کا رواج، گھر کی پابندیاں، ڈیوڑھی کی اونچی اونچی دیواروں اور پہرہ داروں کی سختی کے ذکر پر کانونٹ کی لڑکیاں پوچھ بیٹھیں۔ ہائے تو کیا پھر بھی لڑکیاں زندہ رہ جاتی تھیں؟ اس سوال پر باقی دوسری لڑکیاں ہنس پڑتیں جیسے ان کا زندہ رہنا واقعی معجزہ تھا۔

پھر کھسر پھسر شروع ہو جاتی۔ گرمیوں کے موسم میں خس کی بھیگی ہوئی چلمنوں کیریوں اور فالسے کے شربت کے گلاسوں، خوشبودار بالائی سے بھرے کٹوروں، امرائیوں میں پڑے جھولوں اور کوئل کی کوک کے ساتھ آواز ملا کے گانے والی لڑکیوں کے بارے میں بی اماں تفصیل سے چٹخارے لے لے کے داستانیں سناتیں تو ایسے میں تم کو بھی آہ بھر کے یاد کر لیتیں۔

اب آ بھی جاؤ۔ زندگانی کا کیا بھروسہ ہے۔ کون جانے کس پل موت کا سرد بے رحم ہاتھ کس جسم سے زندگی کی حرارت نچوڑ لے۔ کس لمحے کون ساتھی اپنے نام کی گونج سن کر موت کی وادی میں اتر جائے اور اس کے ساتھ وابستہ یادیں سر پیٹتی رہ جائیں۔

یہ ساری باتیں دھیرے دھیرے جیسے کوئی ہندوستانی انتہائی پرکشش لہجے میں مجھ

سے کہتا تھا۔ یہ غمگین آواز کس کی ہے۔؟

شاید میرے اپنے ہی دل نے ماضی کی باتیں دھرا دھرا کے مجھے بیقرار کیا تھا مگر یہاں آ کے میں اپنے آپ کو وہی نو عمر لڑکی محسوس کرتی ہوں۔ تم نے ہنس کے کہا تھا۔ اپنے بزرگوں سے مل کے، ان کی شفقت و ہمدردی پاک کے سوچتی ہو کہ آج اتنی خالص محبت، کہاں ملے گی؟ ان کی گفتگو بناوٹ کی آمیزش سے آلودہ نہیں ہونے پائی ہے۔ یہ اگلے وقتوں کے لوگ اپنی آن بان، رکھ رکھاؤ اور وضعداری میں بے مثال ہیں مگر اب نبھائے نہیں نبھتی۔ کتنی ڈیوڑھیاں منہدم ہو گئیں۔ کتنے رئیس زادے پیدل گلیاں ناپتے پھرتے ہیں۔ کتنی زندگیاں ختم ہو گئیں۔ پریشانی نے بے فکری کی جگہ لے لی۔ پرانی تہذیب پر نئی تہذیب نے اپنے قدم جمالئے۔ بڑی بڑی وسیع دیوڑھیاں پانچ چھ منزلوں والے فلیٹ میں تبدیل ہو گئیں۔ شاہی خاص باغات پبلک کیلئے کھول دیئے گئے۔

پھر بھی تمہاری تہذیب بہت پیچھے ہے۔ بہت سست قدم، لاغر اور کمزور۔ اب بھی ہزاروں قدامت پسند لکیر کے فقیر بنے بیٹھے ہیں۔ آن بان، عزت و آبرو کے لئے مر مٹنے والے، تنگدستی و پریشان حالی میں بھی مسکرا کر خیریت پوچھنے والے۔ شرافت کا جامہ پہنے ، ہر دکھ مسکرا کر جھیلنے ، اور تکلیف و مفلسی کی پردہ داری کرنے والے۔ محبت و خلوص کے نام پر لٹ جانے والے بھوکے رہ کر مہمانوں کی تواضع کرنے والے ، صرف ماضی کی شاندار روایات دہرا کے زندہ رہنے والے۔ کس قدر پچھڑے ہوئے پس ماندہ لوگ ہیں۔ پچکے پیٹ اور دبلے ہاتھ پاؤں، زردی مائل سانولے چہرے قدیم شہروں کے قدیم لوگ۔ تم نے دیر تک پریشانی پر بل ڈالے ہونٹ سکوڑے گہری نظروں سے اپنے آس پاس دیکھ کے ماتمی انداز میں اپنے دیس کی حالت پر افسوس کیا تھا۔

یہاں آ کے دعوتوں، پکنک کے پروگراموں اور شاپنگ پر تم نے بے دریغ روپیہ

خرچ کیا۔ تمہارے بچے سات سمندر پار ایک بورڈنگ ہاوز میں تھے۔ اسی لئے تم مہینہ بھر بعد ہی جانے کیلیئے تیار ہو گئیں۔ دعوتیں دینے، تحفے دینے اور اپنے پیار کے اظہار کیلیئے یہاں کے لوگوں نے مختلف طریقے اختیار کئے۔ میں تمہیں اسٹیشن پر چھوڑنے نہیں گئی۔ صرف تمہارے پاس زیادہ وقت گذارنا چاہتی تھی عین تمہارے رخصت ہوتے وقت میں نے تم سے پوچھا۔

شہناز کیسی ہے؟

مری بچی اب بہت دراز قد، خوبصورت ہے۔ غالباً ڈاکٹری کے پہلے سال میں داخلہ مل جائے گا۔ وہ مجھ سے بہت دور مالٹا میں ہے۔ چھٹیوں میں تینوں لڑکے آجاتے ہیں اور پھر شہناز بھی بھائیوں کے ساتھ میرے پاس رہتی ہے۔ وہ ہزاروں دلچسپیاں اپنے لئے پیدا کر لیتی ہے اور ہر ہفتہ اپنے کسی بوائے فرینڈ کے ساتھ چلی جاتی ہے۔ پیر کی صبح آجاتی ہے۔

کیا۔۔؟ میں نے تقریباً چیخ کر پوچھا۔

بس یہی ایک خلش ہے جو میرے سینے میں پھانس کی طرح کھٹکتی ہے۔ شیشے میں آئے ہوئے بال کی طرح انمٹ، میرے دل کا شیشہ بھی چور چور ہے۔ اور پھر اسکی آنکھوں میں دو موٹے موٹے آنسو تیرنے لگے۔ اور پھر گود میں گر پڑے۔

وہ ہندوستانی ماں جس کی بیٹی نے کبھی ہندوستانی تہذیب، روایات و کردار کی خوبصورتی کا منہ بھی نہ دیکھا۔ جو ہندوستان کو صرف سانپوں سے بھرا ہوا جنگل سمجھتی ہے۔ پچھڑا ہوا۔ پسماندہ، بھوکوں کا دیس ہے۔ اس نے کبھی ہندوستانی عورت کی عصمت کی داستانیں نہیں سنیں جو صدمیں سچے موتی کی طرح آبدار ہوتی ہے۔

اس کو غلط سمجھانے کی ذمہ داری کس پر ہے؟ پریشان ہندوستانی ماں جو وہاں کے

آداب و قانون کے مطابق اب بچی کے کسی بھی ذاتی معاملہ میں زبان نہیں کھول سکتی۔

تم نے روپیہ بٹورنا ہی زندگی کا حاصل سمجھا۔ اپنے نام کے ساتھ ڈگریوں کا انبار لئے زندگی کے راستے پر بڑھنا ہی تمہاری زندگی کا مقصد تھا۔ مگر ایک اچھی ماں بننا کیوں نہ ضروری سمجھا۔ صرف مستقبل کی تابناکی، دولت کی چمک ہی نہیں ہوتی مری جان۔ میں نے اس کو بے بسی کے ساتھ دیکھا۔ فیروزی خوبصورت ساڑی میں ملبوس تمہارا وجود آہستہ آہستہ دور ہوتا گیا۔ تمہارے چہرے کے نقوش ماضی کے نقوش کی طرح، دھندلے ہوتے گئے۔ اور میں بڑی دیر تک تم کو ڈگمگاتے قدموں سے جاتے ہوئے دیکھتی رہی۔ اس ہندوستانی ماں کو جو اندھی تقلید کے سہارے اپنی نئی نسل کو مستقبل کے اندھیرے میں لئے چلی جارہی ہے۔ دور سات سمندر پار۔

***